THE SHARPNESS

더 샤프니스

더 샤프니스

초판 1쇄 인쇄일 2025년 1월 9일
초판 1쇄 발행일 2025년 1월 17일

지은이 구현모

발행인 조윤성

편집 구민준 **디자인** 김영중 **마케팅** 최기현, 이지희
발행처 ㈜SIGONGSA **주소** 서울시 성동구 광나루로 172 린하우스 4층(우편번호 04791)
대표전화 02-3486-6877 **팩스(주문)** 02-598-4245
홈페이지 www.sigongsa.com / www.sigongjunior.com

ISBN 979-11-7125-791-1 03320

*SIGONGSA는 시공간을 넘는 무한한 콘텐츠 세상을 만듭니다.
*SIGONGSA는 더 나은 내일을 함께 만들 여러분의 소중한 의견을 기다립니다.
*잘못 만들어진 책은 구입하신 곳에서 바꾸어 드립니다.

WEPUB 원스톱 출판 투고 플랫폼 '위펍' _wepub.kr
위펍은 다양한 콘텐츠 발굴과 확장의 기회를 높여주는
SIGONGSA의 출판IP 투고·매칭 플랫폼입니다.

성장과 이익을 끌어당기는 경영의 뾰족한 한 수

THE SHARPNESS

더 샤프니스

구현모 지음

SIGONGSA

뾰족한 못처럼 일하라

1987년 KT의 전신인 한국전기통신공사에 입사하여 35년간 다녔다. 회사를 옮기지는 않았지만 내가 다닌 기업 KT는 정부투자기관에서 정부출자기관으로, 정부가 지분 일부를 소유한 주식회사에서 100% 민영화된 주식회사로 바뀌었다. 또 독점적인 통신 사업자에서, 우리나라에서 가장 치열하게 경쟁하는 사업자로 바뀌는 과정을 겪었다. 사업의 포트폴리오 역시 20여 년 전 5조 원대의 매출을 가지고 있던 주력 사업 "집 전화"는 7천억 원대로 축소되었고, 직원의 숫자 역시 6만 명에서 세 차례에 걸친 구조 조정과 퇴직으로 인해 2만여 명 이하로 줄어들었다. 하지만 KT는 줄어들기만 한 것이 아니라, 집 전화를 대체하는 사업으로 6조 원대의 모바일 사업과 함께 각각 2조 원대의 인터넷과 미디어(IPTV) 사업을 키워냈고, 데이터 센터, 클라우드, 인공지능(AI), B2B 디지털 전환 등 성장성이 높은 미래 사업을 발굴하고 육성하여 KT 단독으로 18조 원대 매출을 하는 기업으로 성장하였다. 공기업으로서 보수적인 기업 문화를 가진 회사에 입사했지만 CEO로 퇴임할 시점의 KT 기업 문화는 우리나라 어느 IT 기업 못지않게 진취적이고 창의적이었다. 고객들도 KT를 통신 사업자가 아니라 디지털플랫폼 기업이라고 생각하게 되었다. 지난 35년 한 회사를 다녔지만 회사가 영위하는 사업과 기업 문화는 마치 3~4개의 다른 회사를 다닌 것처럼 바뀌고 변화한 것이다.

이러한 과정을 겪으면서, 늘 머릿속에 둔 화두는 "어떻게 하면 세상에 맞추어 변화하고, 지속적으로 성장하는 기업이 될 것인가"였다. 주력 사업이 매년 3~4천억 원씩 사라지고, 경쟁이 치열하게 전개되면서 성장을 하지 못했기 때문에 많은 직원들이 직장을 떠나야 했던 아픔이 있었다. 또 공기업 문화, 공룡 같이 느린 의사 결정 등 회사에 대한 부정적인 평판을 바꾸고 싶은 마음도 있었다. 과거의 성공에 머물러서는 미래가 없기 때문에 변화하고 바뀌어야 한다는 열망이 모두의 마음속에 있었다.

> 새로운 기술과 사업이 등장하며 고객들의 니즈가 빠르고 다양하게 바뀌는 시대에 "성장하지 않는 기업은 미래가 없다". 성장하기 위해서는 바뀌어야 한다. 성장과 변화가 별개의 이슈가 아닌 것이다. 성장을 위해 변해야 하고, 성장의 결과를 보면서 변화와 혁신이 가속화되는 것이다.

성장과 혁신의 방법을 찾는 과정에서 기업 경영에도 하드웨어와 소프트웨어가 있음을 알게 되었다. 하드웨어란 기업이 제품과 서비스를 생산하고 판매하기 위한 설비나 프로세스를 의미한다. 통신 회사의 경우 전국에 깔아놓은 통신망, 운영 설비, 운영 프로세스, 유통망, 고객 서비스(Customer Service)를 위한 콜센터 등이 하드웨어다. 모든 통신 사업자가 비슷한 하드웨어를 가지고 있다. 하지만 성과는 다르다. 기업의 성과가 하드웨어만으로 결정되거나 설명되지 않는다. 소프트웨어는 좁게는 사람들을 움직이는 힘이다. 비전, 핵심 가치, 리더십, 역량, 기업 문화가 그 예다. 넓게는 조직을 움직이는 힘이다. 임직원들이 만들어내는 전략, 경쟁 방법, 이익 관리, 리스크 관리 등이 포함된다. 각 기업이 동일한 하드웨어를 가졌어도 이들이 지향하는 전략적 목표와 실행 방법이 다르면 성과도 다르다. 이 부분을 어떻게 만들어내느냐에 따라 기업이 흥하기도 하고 망하기도 한다.

> 35년간 KT에 있으면서, 또 KT의 CEO로 일하면서, 성장과 혁신을 만드는 하드웨어와 소프트웨어를 관통하는 키워드는 "뾰족함"이었다. 못이 뾰족하지 않으면 아무리 좋은 망치도 소용없다. 사업도 1등이라는 "뾰족함"이 없으면 결국은 경쟁자에게 끌려다녔고, 좋은 제품도 고객이 끌리지 않으면 소용이 없었으며, 훌륭한 기업 문화와 뛰어난 인적 역량도 사람들의 마음을 움직이게 하는 뾰족한 비전과 리더십이 없이는 만들 수 없었다.

경영자는 회사 내에서 그럴듯한 혁신 프로그램과 사업 계획을 본다. 하지만 이것들이 조직원들의 마음을 움직이고 회사의 포트폴리오를 변화시켜 성장으로 연결되려면, 뾰족한 것이 있어야 한다. 많은 사람들이 변화와 성공을 위해서 "사람이 필요하다", "예산이 부족하다", "리더가 관심을 두어야 한다"고 이야기하지만, 이것은 내가 보기에 망치에 불과하다. 아무리 망치가 좋아도 못이 뾰족하지 않으면 박히지 않는 것처럼, 자신이 속한 분야에서의 1등 사업과 팔로워의 마음을 움직이는 리더십, 뛰어난 인적 역량과 조직의 힘을 응집시키는 기업 문화의 뾰족함을 찾고 만들어내지 않으면 성공할 수 없다.

KT에는 2015년부터 시작한 "1등 워크숍"이라는 1박 2일짜리 혁신 프로그램이 있다. 현장의 문제를 해결하기 위해 관련자들이 1박 2일 동안 모여 계급장을 떼고 토론하고 해결책을 제시하는 프로그램이다. 밑으로부터의 자발적 혁신을 위한 방법으로 KT가 자체적으로 개발한 혁신 방법론이다. 이 프로그램을 만들 당시 고민한 뾰족함은 "자발적인 혁신"이었다. 스스로 문제를 찾고 해결책을 제시한다면 단순히 문제 해결이 아니라 기업의 일하는 방식과 문화를 바꿀 수 있고, 기업이 지속 성장하는 요인으로 작용할 것이라고 생각하였다. 리더십 또한 마찬가지이다. 리더 만큼 기업의 성과에 크게 영향을 미치는 것은 없다. 빠르게 바뀌는 환경과 고객들을 바라보면서, KT의 리더가 지향해야 하는 리더십은 무엇인지 늘 고민하고 새로운 리더십을 정립하고자 하였고, 새로운 사업과 기술에 맞추어 회사의 역량을 높이기 위한 앞선 노력도 게을리하지 않았다. 무엇보다 리더들이 고민한 것은 팔로워의 이익과 소통이었다. 그것이 리더십의 뾰족함이라고 본 것이다.

내부의 변화와 혁신은 성장으로 연결되어야 한다. 성장하지 않는 기업은 미래가 없기 때문이다. 매출이 성장하지 않는데 어떻게 매년 이익을 성장시킬 수 있으며 이익이 충분치 않은데 어떻게 새로운 사업을 추진할 수 있는가? 성장을 만들어내기 위해 고민해야 할 것은 "어떤 산업에 들어가며 어떻게 1등 사업을 만들 수 있는가"이다. 또 회사가 지속적으로 이익을 내기 위해 매출과 비용 그리고 이익을 어떤 관점에서 바라보고 관리할 것인가도 중요한 과제이다. 이익이 나지 않는 기업은 새로운 시도를 하기 어렵기 때문이다.

이 책에서는 기업이 지속적으로 성장하고 변화하기 위해 무엇을 할 것인가를 제시하고자 하였다. 크게 두 부분으로 구성되었다. 성장에 관련된 기업의 전략적 포지셔닝, 가치를 만들어내는 제대로 된 경쟁, 그리고 매출과 이익을 어떻게 만들고 관리할 것인가를 전반부에 배치하였다. 성장의 바탕은 어떤 산업에 진입하거나 속하는가에 따라 달라진다. 또 해당 산업에서 어떻게 1등을 할 것인지도 중요하다. 내가 속해 있는 산업이 성장하는 사업이고, 거기에서 1등을 하고 있다면 모든 것이 수월할 수 있다. 반대로 망하는 산업에 들어가 있다면 아무리 좋은 소프트웨어와 하드웨어를 갖추고 있어도 소용이 없어진다. 경영자는 성과로 판단받을 수밖에 없다. 여기에서도 지속적으로 좋은 성과를 내는 것이 중요한 문제였다. KT는 주인이 없다는 이야기를 수없이 들어왔고 그것을 극복하고 주인이 있는 기업보다 우월하다는 것을 증명하는 길은 지속적으로 좋은 성과를 보여주는 것이라 믿었기 때문이다. 지속적으로 좋은 성과를 내기 위한 경쟁 과정과 매출, 비용 그리고 이익에 대한 경험과 생각을 이 책에 정리하였다.

지속적인 성장을 하려면 혁신을 위한 소프트웨어를 갖추고 있어야 한다. 임직원들이 돈을 벌기 위해서 일하는 것이 아니라, 가슴이 뛰고, 회사의 비전을 실현하기 위해서 일을 하도록 해야 한다. 회사의 높은 비전을 실현하기 위해서는 임직원 개개인의 역량을 높여야 하고, 변화하는 시대에 맞추어 새로운 리더십을 정립하고 발휘해야 한다. 리더에 의존하지 않는 기업 문화를 만드는 것이야 말로 리더가 바뀌어도 지속 성장할 수 있는 기반을 마련하는 것이다. 혁신의 방법론이라 할 수 있는 부분을 후반부에 배치하였다.

이 책의 내용이 모든 기업에 적용될 수 있는 것은 아니다. 이제 막 사업을 시작하는 스타트업이나 벤처 입장에서는 거리가 있는 내용일 것이다. 오랫동안 변화가 적은 산업 내의 기업에게도 그다지 매력적인 내용은 아닐 것이다. 하지만 빠르고 다양한 환경의 변화 속에서 혁신을 통해 성장을 해야 하는 기업들에게는 도움이 될 것이다.

지금 전 세계의 모든 기업들은 인터넷과 모바일이 가져온 혁신에 이어 인공지능이 가져올 혁신을 마주하고 있다. 인공지능은 인류가 지금까지 만든 발명들과 완전히 다른 차원의 특성을 가지고 있다. 인간을 뛰어넘는 능력과 그것을 스스로 발전시키는 능력, 그리고 인간과 감정적으로 소통할 수 있는 능력을 가지고 있다. 인공지능을 어떻게 활용하는가에 따라 기업뿐만 아니라 국가의 미래도 바뀔 것이다. 환경 변화에 맞추어 혁신하고 성장하려는 기업의 임직원들이 변화와 성장의 뾰족한 못을 찾기 바라며, 기업에 대해 이해의 폭을 넓히고자 하는 분들에게도 도움이 되길 바란다.

무엇보다 이 책의 내용은 내가 만든 것이 아니라는 점을 밝히고 싶다. KT에서의 35년간의 시간 동안 같이 일한 선후배 동료 임직원들의 노력과 경험과 아이디어가 만들어낸 것이다. KT를 고비마다 일으켜 세우고 변화시키고, 성장시킨 것에 감사의 말을 전하고, 책에서 언급된 많은 사례에 참여했던 임직원들을 일일이 언급하지 못함을 양해해주기 바란다. 지금도 현장에서 묵묵히 일하는 임직원 분들의 노고에 박수를 보낸다.

차례

성장과 이익을 끌어당기는 경영의 뾰족한 한 수

지속 성장의 바탕:
성장 산업과 1등 사업

PART

"어떻게 하면 빠르게 바뀌는 세상에 맞추어 변화하고, 지속적으로 성장하는 기업이 되도록 할 것인가." 오랫동안 고민하고 실천해온 과제이다. 기술과 서비스가 다양하고 빠르게 바뀌는 산업에서 일해오면서 당연히 가질 수밖에 없는 숙명과 같은 화두이다. 짧지 않은 세월을 통해 얻은 결론은 하나의 산업에 머물러서는 안 된다는 것이었다. 세상이 바뀌면 기업도 바뀌어야 한다. 기존 고객이나 역량 그리고 사업을 바탕으로 다른 성장하는 산업으로 옮겨가야 한다. 굳이 관련이 없더라도 성장 가능성이 높고 강력한 경쟁자가 없다면 해당 산업으로 진출해야 한다. 또 1등을 하는 것이 중요하다. 1등 사업을 가지고 있으면 사업을 하기가 수월하다. 새로운 성장 산업으로의 진출, 1등 사업 만들기는 리더 한 명이 만들어낼 수 없다. 기업 전체가 어떤 문화를 가지고 있고 어떤 리더들이 있으며, 어떤 역량을 가지고 있느냐에 따라 달라진다는 점에서 기업 경영의 소프트웨어와 깊게 연결되어 있다.

1

에스컬레이터를 타고 걸어 올라가자

성장 산업을
선택하라

KT에 1987년에 입사하고 10년간은 아무런 걱정이 없었다. 매년 집 전화 가입자가 엄청난 숫자로 늘어나고 회사의 매출이 1년에 수천억 원씩 성장하던 시대였다. 고객들이 줄 서서 집 전화를 신청하던 때였고 공중전화 수입도 한 해에 5천억 원 가까이 되었던 시절이었다. 하지만 그 이후 경쟁이 도입되고 이동 전화가 대중화되면서 회사의 매출이 10조 원대에서 정체하기 시작했고 이익도 빠르게 하락했다. 주력 산업이 성장을 멈추면서 위기가 찾아왔다. 대규모 인력 구조 조정이 있었고 새로운 사업을 찾기 위한 노력이 시작되었다. 이때 "에스컬레이터를 타고 걸어 올라가야 한다"는 경험을 하게 되었다.

지하철이나 백화점에서 에스컬레이터를 타고 올라가면서, 에스컬레이터 위에서 급히 걸어 올라갔던 경험은 누구나 있을 것이다. 계단으로 올라가는 것보다, 에스컬레이터를 타고 올라가는 것보다 빠르다. 최종 속도는 두 가지 속도를 합한 것이기 때문이다.

> **에스컬레이터의 속도는 내가 속한 산업의 성장률이다. 내가 걸어 올라가는 속도는 내가 속한 기업의 성장률이다.**

내가 속한 산업이 성장 산업이면 내가 일하는 기업도 성장할 가능성이 높다는 의미이다. 영화에서 내려가는 에스컬레이터에서 거꾸로 올라가는 추적 장면을 종종 본 적이 있다. 이처럼 내려가는 에스컬레이터에서 거꾸로 올라간다면 제자리이거나 아니면 에스컬레이터보다 더 빨리 올라가지 않는다면 결국은 아래로 내려갈 수밖에 없다. 기업 경영을 아무리 잘해도 내가 속한 산업이 쇠퇴 산업이면 마이너스 성장을 하거나 결국은 망할 수도 있다는 것이다. 하지만 올라가는 에스컬레이터에서는 어지간해서는 아래로 내려가기 어렵다는 점에서 올라가는 에스컬레이터를 탄다는 것이 얼마나 중요한지 알 수 있다.

어떤 산업에 종사하는지는 개인의 성공에도 관련이 있다. 가끔 주위에서 "저 친구가 어떻게 저리 잘 풀렸지? 학교 다닐 때는 나보다 별로 뛰어나지 않았는데"라고 이야기하는 사람들을 보고는 한다. 성공한 친구가 노력한 과정을 모르면서 말이다. 하지만 개인적인 노력과 더불어 여기에서도 "어떤 에스컬레이터를 선택했는지"가 작용한다. 개인적인 경험이다. 대학을 졸업한지 30여 년 지난 시점에, 어떤 친구들이 사회적으로 성공했는지 살펴본 적이 있다. 학창 시절의 성적과 사회적 성공과는 거리가 멀었지만 분명한 상관관계를 보인 것은 어떤 산업에 종사하고 있는가에 있었다. 성장 산업에 몸담았던 친구들은 성공을 했고, 사양 산업, 정체 산업에 몸담았 던 친구들은 사회적 성공의 크기가 상대적으로 작았던 기억이 난다. 똑같 은 크기로 노력을 했더라도 반도체 산업에 종사하는 친구와 무역 상사에 종사하였던 친구, 누가 더 성공 가능성이 높은지는 자명하다.

기업 가치와 관련된 중요한 요소 중의 하나가 기업이 속한 산업이다. 전 자 산업은 1980년대부터 지금까지 성장하고 있다. 여기에 속한 많은 기업 들이 성공한 기업이 되었다. 우리나라의 삼성전자가 그렇고 LG전자 역시 마찬가지이다. 물론 미국의 TV 메이커나 일본의 소니, 파나소닉처럼 우리 나라의 기업들에게 밀려 도태된 회사들도 있지만 말이다. 1960년대 우리 나라의 우수 기업 중의 하나가 가발을 만드는 회사였지만 지금 그 회사를 기억하는 사람은 없다. 해당 산업 자체가 소규모이고 성장하지 못했기 때 문이다. 1980년대와 90년대 사이에 신발 제조 산업이 붐을 이루었던 시절 이 있다. 화승, 국제상사 같은 기업들이 있었다. 하지만 이 산업은 지금은 중국의 기업들이 주류를 이루고 있고 우리나라에서 대규모로 신발을 만들 어 글로벌 회사에 납품하거나 수출하는 기업은 없다.

1984년부터 35년간 매출 상위 50위권에 꾸준히 올라간 기업은 8개에 불과하다.[1] 삼성전자, 현대자동차, LG전자, LG화학, 삼성물산, 대한항공, 현대건설, 대림산업 등이다. 그동안에 사라진 기업으로 대우, 삼환기업, 국제상사, 동아건설산업, 미륭건설, 동양맥주, 극동건설, 남광토건 등이 있다. 자료를 보면 건설사들이 많이 사라졌다. 70년대 말부터 시작된 중 동 건설 해외 진출로 많은 건설사들이 성장을 했지만 인건비 상승과 파키 스탄, 인도, 중국과 같이 낮은 원가를 경쟁력으로 하는 국가의 중동 진출로

---

1) '50대기업 35년 매출 변화… 120배 성장 '삼성전자'−문 닫은 '대우'', 〈뉴스퀘스트〉, 2020.

해외 시장이 사라지고 건설 시장이 국내 중심으로 축소되면서 많은 기업들이 사라진 것이다. 남아 있는 기업들을 보면, 전자, 자동차, 화학, 항공 등 세계적 수요가 꾸준히 증가하고 있는 성장 산업에 속해 있다. 여기에 기업의 경쟁력을 세계적 수준으로 높인 기업인 삼성전자 같은 경우 35년 동안 1984년 1조 3,000억의 매출이 2019년에는 230조 원으로 177배 성장하였고, 2024년 매출은 300조 원(K-1FRS, 연결기준)으로 예상되는데, 232배 성장하는 것이고 현대자동차의 경우도 1984년 6,600억의 매출이 2024년 말에는 170조 원(K-IFRS, 연결기준)으로 예상되는데 257배 성장하는 것이다. 성장 산업에 올라타서 기업의 경쟁력을 세계적 수준으로 갖춘 결과이다. 이들 기업의 미래는 산업의 성장 모멘텀이 바뀌면서 더욱 밝다고 할 수 있다. 데이터 센터의 확산과 인공지능의 산업화 가능성이 높아지면서, 초고속 메모리(High Bandwidth Memory), 절전형 반도체, 인공지능 전용칩(NPU)의 수요가 확대되고 있다. 또한 전기 자동차로의 전환은 현대자동차가 기존의 글로벌 자동차 산업 내 위상을 뒤집고 한 단계 높은 성장을 만들 수 있는 기회가 되고 있다.

성장의 기회가 되는
네 가지 요소

산업의 부침에는 여러 가지 요인이 존재한다. 수출을 주로 하는 산업의 경우 해당 산업의 원가가 높아져서 경쟁력이 없어지는 경우가 많다. 앞서의 신발 제조 산업이 그 예이다. 한때 우리의 조선 산업도 중국의 저가 수주가 늘어나면서 어려움에 처한 바 있다. 해외 건설 산업도 마찬가지이다. 경제 발전으로 인건비가 상승하면서 판매 가격을 경쟁력으로 하는 로우 테크(Low-Tech) 산업은 인건비가 싼 후진국으로 옮겨갈 수밖에 없다. 이 경우 해당 산업에 속한 기업이 선택할 수 있는 전략은 그리 많지 않다. 우선은 인건비가 저렴한 국가로 공장을 이전하는 것이다. 우리나라 봉제 공장들이 베트남을 거쳐 방글라데시까지 나가 있는 것이 그 사례이다. 반드시 로우 테크 산업만 그런 것은 아니다. 삼성전자의 모바일 공장도 중국에서 생산되는 아이폰의 원가 경쟁력을 따라 잡기 위해 베트남에 공장을 가지고 있다.

또 하나의 옵션은 디자인이나 첨단 기술을 바탕으로 포지셔닝을 변경시켜 성장하는 것이다. 나이키가 디자인과 상품 기획만을 본사의 기능으로 가지고 상품 생산은 100% 해외로 아웃소싱 하는 것이 그 예이다. 우리나라의 고가 브랜드 의류를 대부분 생산은 해외에 아웃소싱을 한다. 봉제 산업은 사양 산업이 되었지만 한섬, LG패션, 노스페이스 등 패션 산업 내의 기업은 아직도 건재하다. 같이 출발했지만 어떤 기업은 여전히 봉제 산업에 머물러 있고 어떤 기업은 패션 산업으로 변신한 것이다.

플랫폼 기업의 등장과 활용도 성장 동력이 되고 있다. 네이버의 상거래 플랫폼이나 쿠팡의 유통 플랫폼은 자체의 성장도 놀랍지만, 이들을 통해 성장의 기회를 얻는 개인 사업자나 중소기업이 많다. 대기업 중심의 유통 질서를 다양화시키는 결과를 가져왔기 때문이다. 앞서의 패션 산업도 무신사와 같은 패션 플랫폼이 등장하면서 새로운 변화를 맞고 있다. 무신사 자체도 성장하지만 무신사를 통해 실력 있는 소규모 독립 패션 디자이너 숍들도 성장하고 있다.

무신사는 2003년 조만호 무신사 이사회의장이 고등학생 시절에 활동한 패션, 신발 인터넷 커뮤니티에서 출발하였다. 이후 웹매거진을 거쳐 2009년 편집숍으로 이커머스를 시작하여, 2011년에 100개가 넘는 브랜드가 입점하였다. 2016년 여성전용 패션 플랫폼 우신사를 만들었으며, 2017년 자체 브랜드 '무신사 스탠다드'를 론칭하였다. 이후 오프라인까지 영역을 넓히고 있으며, 2021년 거래액이 2조 3천억 원, 매출은 4,667억 원을 기록하였다. 현재 6천여 개의 패션브랜드가 입점해 있는 무신사 플랫폼은 실력 있는 독립 패션디자이너 숍의 성장을 돕는 에스컬레이터가 되었고, 이제는 대기업 중심이었던 패션 산업의 지형도 바꾸고 있다.

산업이 쇠퇴하거나 성장하는 중요한 이유는 기술이다. 다른 나라가 첨단 기술로 가격 경쟁력이나 소비자 편의성을 높이는 경우 경쟁 국가의 산업은 쇠퇴의 길을 갈 수밖에 없다. 일본의 조선 산업이 쇠퇴한 이유가 우리나라 조선 산업의 가격 경쟁력 때문이었다는 것은 널리 알려진 사실이다. 하지만 중국의 조선 산업이 높은 가격 경쟁력을 가지고도 우리를 쉽사리 무너뜨리지 못하는 것은 우리의 기술력 때문이다. 미국의 자동차 산업이 무너진 배경에는 가격도 있지만 일본 자동차 산업의 기술력이 영향을 끼친 것이 더 크다. 기술은 축적의 산물이다. 동일한 투자와 노력을 한다면 우수한 기술을 가진 기업이 지속적으로 앞서 나갈 가능성이 높다는 말이다. 기술로 앞서면 비용 상승에도 불구하고 우리나라 현대중공업처럼 성장이 가능한 경우가 있다는 것은 시사하는 바가 크다. KT 역시 주력 사업이 무너지는 어려운 시기였지만 어떤 기업보다도 연구 개발에 지속적으로 투자를 해왔고, 융합기술원이라는 큰 조직을 운영해왔다. 이 조직에서 만들고 찾아낸 기술들이 새로운 성장 사업을 일으키는 데 큰 도움이 되어왔다. 지금은 2조 원대의 사업이 된 IPTV는 기초적인 기술 개발부터, 다양한 기술적 시도가 융합기술원에서 시작된 바 있다.

성장 엘리베이터 찾아내기:
부침이 클수록 경영자가 중요하다

지금까지의 이야기를 읽다보면, "경영자의 역할이 무엇인가?"라는 의문이 들기도 할 것이다. 내가 속한 산업이 성장 산업이 아니라서 내가 경영하는 기업이 힘든 것이라면 내가 할 수 있는 것이 무엇일까? 또 가만히 있어도 성장한다는데 굳이 무엇을 더 해야 하는가? 라는 의문이 들 수도 있다. 하지만 기업은 지속 가능해야 하는 존재이다.

> 기업 경영자의 역할은 내가 경영하는 기업이 10년, 20년간 성장하고 발전하도록 만드는 것이지, 올해, 내년 이익을 많이 내는 것만이 목표가 되어서는 안 된다.

그렇다면 해야 할 일은 많다. 삼성전자가 35년 동안 177배 성장하였는데 과연 삼성전자의 제품 포트폴리오가 35년 동안 변하지 않은 것인가 살펴보면 답이 있다. 아마도 35년 전에는 선풍기, 브라운관 TV, 세탁기, 전화 교환기 같은 것이 주력 상품이었다. 반도체, 스마트폰, 첨단 대형 가전 등 지금과는 완전히 다른 구성이다. 전자 산업 내에서도 성장하는 사업이 있고 쇠퇴하는 사업이 있다. 죽일 사업, 포기할 사업을 골라내고, 성장 사업으로 포트폴리오를 바꾸는 것이 경영자의 역할이고, 삼성전자의 경영진은 지난 35년간 그 일을 꾸준히 그리고 매우 잘해온 것이라 할 수 있다. 최근 HBM 분야에서 뒤쳐진 일은 아쉽지만 그동안의 저력으로 곧 극복하리라 믿는다.

통신 사업도 마찬가지 경험을 가지고 있다. 한때 6조 원에 달하던 집 전화 사업은 이제 7천억 원 규모에 불과하다. 20년 사이에 5조 원 이상이 사라졌다. 이 사업만 붙들고 있었다면 KT는 더 이상 존재하지 않았을 것이다. 2000년 초반부터 2013년까지 KT의 주력 사업이 무너지고 새로운 성장 사업을 찾지 못했던 시기에 참으로 어려움이 많았다. 열심히 노력하여도 매년 마이너스 성장을 하고 이익은 매년 줄어들었다. 앞이 보이지 않았던 경험이 있다. 비용을 줄여 버티던 시기였다. 인터넷이 등장하면서 새로운 패러다임으로 넘어가던 시기를 활용하여 인터넷 사업을 통해 2조 원의 매출을, 미디어 플랫폼 사업에 진출하여 IPTV, 위성 방송, 케이블 방송에서 3조 원 가까운 성장을 이루어냈다. 모바일 사업에도 참여하고 3G, 4G, 5G에 대한 지속적인 투자와 치열한 경쟁을 통해 6조 원 규모의 사업으로 키워냈다. 하지만 지난 5~6년 전부터 통신 산업도 더 이상 성장하지 않는 사업으로 변화하기 시작하였다. 특히 성장을 이끌어왔던 모바일 사업도 수요가 정체되고 알뜰폰 등 다양한 선택 요금제가 등장하면서 이용 트래픽은 증가하지만 트래픽 증가에 비례하여 요금을 올리기 어려워졌고 지금 모바일 사업은 1% 남짓 성장하는 사업으로 바뀌었다.

> 2010년대 후반 들어 KT의 통신 사업 포트폴리오의 성장률은 전체적으로 1% 수준에 불과하였다. 회사 전체 성장률도 1.5% 수준에 불과하였다. KT는

> "성장하지 않는 기업은 미래가 없다"는 생각으로 성장 사업을 찾는 데 노력
> 을 집중했고 이 과정에서 규모는 작지만 성장률이 7%, 15%인 사업들을 찾
> 아낼 수 있었다.

미디어 사업, IDC 사업, 클라우드 사업이었다. 미래를 바꿀 기술로 인공지능도 점찍었다. 같은 인터넷 사업이지만 고객을 분류해서 보니 높은 성장률을 보이는 고객 세그먼트가 있었다. 기업이 사용하는 인터넷이었다. 그래서 찾아낸 시장이 B2B 시장이었다. 성장하는 서비스와 고객군을 찾아 회사 내의 리소스를 집중시키고, 고객군을 확대하고, 새로운 서비스를 개발하여 고객을 창출하는 과정을 통해 2022년 KT의 성장률은 3.8%로 높아지게 되었다.

성장하는 산업에 속한 기업은 상황이 좋다면, 더 많은 리소스를 성장에 투입해야 한다. 이때 경쟁력이 어디에서 나오는지를 분명히 인식하고 경쟁력의 원천에 리소스를 투입해야 한다. 가격인지, 유통망인지, 기술력인지 고객의 인식인지를 분명히 알고 거기에 집중해야 한다. 다른 하나는 성장 산업에 있지만 상황이 좋지 않은 기업이다. 포기하지 말라는 이야기를 하고 싶다. 정체되어 있거나 쇠락하는 산업 내의 기업보다 훨씬 많은 기회가 존재하기 때문이다. 노력한다면 성장할 수 있는 단서가 너무나 많이 있다. 우리나라에서 오랫동안 로봇 사업을 해온 기업이 최근에 마이너스 성장을 하면서 사업을 접어야 하는가 고민을 하고 있다. 로봇 산업의 성장률이 10%가 넘는 상황에서 말이다. 절대로 포기해서는 안 될 일이다. 올라가는 에스컬레이터에서 내려가는, 보기 드문 상황이지만 회사를 바꿀 일이지 사업을 접을 일은 아니라는 생각이 든다. 올라가는 에스컬레이터에 가

만히 앉아 있을 수만 있어도 10% 성장은 할 수 있기 때문이다.

　새로운 성장 아이템을 찾아내는 과정은 쉽지 않다. 사업 기회와 자산을 결합시켜 사업화 포인트를 찾고, 비즈니스 모델을 만들고 영업을 통해 고객들에게 판매하여 매출을 일으키고, 비용을 통제하여 이익을 내도록 해야 하나의 사업으로 완성이 된다. 문제는 모든 신사업이 100% 성공하지 않는다는 것이다. 기업에서는 10개의 신사업 가운데 3개만 성공하여도 평균 이상의 성과라고 이야기한다. 또 성공하는 사업이라고 할지라도 각각의 성공 기간이 다르다. 현재는 연 매출 2조 원의 주력 사업이 된 IPTV 사업의 경우, 사업을 시작하고 10년간의 누적 적자가 1조원에 달하였다. 그럼에도 불구하고 수익성이 없다고 도중에 중단하지 않았기 때문에 주력 사업이 될 수 있었다. 성장을 위해 경영자가 할 일은 회사 내에서 끊임없이 아이디어가 나오고, 시도가 이루어지도록 하면서, 한편으로 정기적으로 신사업을 리뷰하여 계속할 것과 죽일 것을 결정하는 일이다.

> 신사업의 성공은 전체 포트폴리오의 성공률을 높이는 데 있지, 개별 사업의 실패를 비난하는 데 있지 않다. 만일 실패한 신사업을 담당한 임직원들을 질책하고 기를 죽인다면 조직 내에서 새로운 아이디어를 내는 것을 두려워하고 결국은 CEO 혼자 신사업 아이템을 만들게 된다.

　CEO는 실패한 사업을 질책하는 일보다, 성공한 사업을 칭찬하는 데 힘써야 한다. 신사업은 성격에 따라 이익에 도달하는 시점이 길 수도 있고 짧을 수도 있다. 그래서 매년 정기적인 리뷰가 필요한 것이다. 좋은 아이디어로 시작했지만 막상 진행하다보면 사업이 안 될 수도 있고, 아니면 시간이

걸릴 수도 있다. 이것을 무 자르듯이 똑같은 기준으로 보면 안 되는데 이 부분에서 경영자들의 안목이 필요한 것이다.

지속 성장 기업의 비결: 빠른 에스컬레이터로 갈아타자

산업이 멈추어도 성장하는 기업이 있다

백화점의 에스컬레이터는 하루 종일 움직이는 속도가 일정하다. 지하철 에스컬레이터도 마찬가지이다. 하지만 우리가 속한 산업의 에스컬레이터는 그렇지 않다. 대개 처음에는 빠르지만 시간이 지날수록 느려지고 어떤 경우에는 멈추거나 오히려 내려가기도 한다.

우리나라 경제 발전이 왕성하던 시기에는 대부분 산업의 성장률이 높았다. 특히 토목과 건설은 인프라 건설과 소득 수준이 높아지면서 주택을 구매하는 사람들이 많아진 영향을 받아 빠른 속도로 성장을 하였지만, 경제 성장률이 완만해지고 주택 보급률이 높아지면서 현재는 에스컬레이터가 올라가는 속도가 느려졌다. 통신 산업도 마찬가지이다. 지금은 상상할 수 없지만 80년대 초까지만 해도 유선 전화가 없는 집이 대부분이었다. 90년대까지 유선 전화가 엄청난 속도로 공급이 되면서 통신 산업의 에스컬레이터는 빠르게 올라가기 시작했고, 유선 전화 보급이 마무리되는 시점에서 인터넷이 등장해 에스컬레이터의 속도가 줄지 않았다. 또한 90년대부터 하나둘씩 이용자가 늘던 이동 전화가 2000년대 들어 폭발적으로 늘면서 통신 산업은 "황금알을 낳는 거위"라는 이야기를 들을 정도로 급성장하였다. 그러나 이동 전화의 보급률이 100%에 육박하고 (어린이를 감안하면 실제 보급률은 100%를 돌파한 것이나 마찬가지이다) 수요가 정체하면서 이제 통신 산업의 성장률은 1~2%로 낮아졌다. 30여 년간에 걸친 성장이 이제는 멈춘 것이다.

이처럼 모든 산업은 언젠가는 성장이 멈추거나 마이너스 성장을 하거나 아예 사라지기도 한다. 여러 산업의 부침 가운데에서도 장기적으로 성장을 지속해온 것이 금융 산업이다. 우리나라의 경제 규모가 지속적으로 커졌기 때문이다. 하지만 10년 후 한국의 잠재 성장률이 0%대로 추락할 것이라는 전망이 제기된 가운데(OECD는 2033년 한국 경제 성장률 0%, 2047년 성장률은 마이너스로 예측한 바 있다.) 금융 산업도 성장을 멈출 가능성이 있다.

산업의 성장이 멈추어도 기업의 성장이 멈추지 않는 경우가 있다. 대표적인 사례가 SK 그룹이다. SK 그룹은 선경이라는 섬유 직물 회사에서 출발했지만, 지금은 우리나라 재계 2위의 그룹이 되었다. 만일 선경이라는 회사가 섬유 산업에만 머물렀다면 불가능한 일이었다. 끊임없이 올라가는 엘리베이터를 살피고 성공적으로 옮겨 탔기 때문에 재계 2위 그룹으로 성장할 수 있었다. SK 그룹이 선택한 석유 화학, 통신, 반도체 등은 시대적 흐름을 잘 읽은 것으로 인수 후 30년 이상 성장하는 산업이 되었다.

빠른 에스컬레이터로 옮겨 타는
인수와 합병

어떻게 하면 빠른 에스컬레이터로 옮겨 탈 수 있는가? 우선은 경영자의 마인드와 능력이 중요하다. 경영자에게는 올해와 내년의 성장과 이익이 아니라 10년 뒤 20년 뒤의 성장과 발전을 고민하는 마인드가 있어야 한다.

우리나라 그룹의 오너 경영에 관해 부정적인 견해를 가진 사람들도 있지만, 적어도 장기적 관점에서의 성장과 발전을 고민한다는 점은 전문 경영인 중심의 기업보다 장점이다. 전문 경영인은 2년, 3년의 성과로 자신의 거취가 결정되기 때문이다. 또 하나는 능력이다. 10년 뒤를 고민한다 하더라도 이를 실행할 수 있는 능력이 있어야 한다. 구체적인 전략을 수립하고 재원을 조달하고 방법을 실행하는 능력을 의미한다. 이 부분은 전문 경영인의 몫이다. 그래서 오너 경영인과 전문 경영인이 적절하게 역할 분담을 해온 기업들이 오너가 주도적으로 행동하는 기업보다 성공 사례를 많이 만들어낸 바 있다.

빠른 에스컬레이터로 갈아타는 대표적인 방법이 인수와 합병이다. KT에서의 경험이다. 2010년 즈음 KT로서는 새로운 사업으로 IPTV를 준비하고 있었지만 법령의 정비가 필요한 시점이었고 인터넷 이외에는 뚜렷한 새 사업이 없었을 시기였다. 이 시기의 경영진은 무엇이든지 해보자는 생각이 있었고 이때 인수한 회사가 BC카드였다. 이밖에도 상당히 많은 숫자의 회사들을 설립하거나 인수, 조인트벤처를 만들었던 기억이 있다. 대부분의 시도들이 성공적이지 않았지만 그래도 BC카드 인수는 시간이 흐르면서 그룹 전체의 성장에 도움이 되었고, 이후 인터넷 은행 사업의 바탕이 되었다.

인수와 합병을 추진하는 이유는 기업이 가진 DNA가 다르기 때문이다. 여기서 DNA라 함은 해당 기업의 구성원의 연령, 역량, 기업 문화, 사업 영역, 일하는 방식, 유통망 등 모든 것을 포함하는 것이다. 예를 들어 B2C 사업을 하는 기업은 유통망을 구축하고 관리하는 데 능하고, 기업 문화도 영업을 중시하는 문화를 갖춘 경향이 있다. 하지만 B2B 사업을 하는 기업은 생산이나 제조에 중점을 두고, 품질을 높이고 원가를 낮추는 것을 강조하는 기업 문화를 가지고 있다.

B2C를 하는 기업이 B2B 분야 사업을 처음부터 만들어서 확대하거나 갈아타는 것은 매우 어려운 일이다. 내부 구성원의 역량이나 문화를 바꾸는 것이 어렵기 때문이다. 이때 흔히 활용하는 방법이 유망한 기업을 인수하는 것이다.

대표적인 사례가 앞서 이야기한 SK 그룹이다. SK 그룹의 사례는 이미 널리 알려진 것이라서 자세한 설명을 하지 않아도 대부분이 이해할 것이다. SK 그룹이 인수한 대표적 기업이 SK이노베이션의 전신인 유공이고 유공을 바탕으로 인수한 기업이 SKT의 전신인 한국이동통신이다. 그리고 SKT를 바탕으로 인수한 기업이 지금의 SK하이닉스이다. 시대적 변화를 살피고 성장 산업을 골라낸 후에 해당 산업 내의 유망한 기업을 인수하여 성공적으로 키운 것이다. 만일 SKT에서 반도체 공장을 세워 반도체 산업에 진출한다는 전략을 세웠다면 실행 자체가 불가능했을 것이기 때문에, 방법론적으로 하이닉스 인수는 당연한 것이지만, 실제로 하이닉스를 인수한 의사 결정과 이를 키워낸 능력은 대단하다고 할 수 있다.

에스컬레이터의 속도를 높이는
인수와 합병

한편으로 DNA가 비슷해도 빠른 성장을 위해서 인수나 합병을 활용하기도 한다. 대표적인 사례가 구글(Google)이다. 구글은 2010년대 초반까지만 해도 일주일에 하나씩 기업을 인수한다고 알려져 있을 정도로 많은 기업들을 인수했다. 2022년까지 250여 개 넘는 기업을 인수하였고 대표적인 인수 사례가 넥스트 뉴 네트웍스(Next New Networks)라는 비디오 호스팅 서비스 회사였는데 현재 유튜브(Youtube)의 모체이다. 2013년에 인수한 웨이즈(Waze)는 네비게이션 앱이었고, 구글 맵스(Google Maps)를 개선하는 데 활용되었으며, 2014년에 인수한 딥 마인드(DeepMind)는 알파고로 유명한 인공지능 회사로 구글의 인공지능 역량 확보를 위해 인수하였다. 또 스마트 홈 시장 진출을 위해 2014년에 네스트 랩스(Nest Labs)를 인수한 바 있으며 2019년에는 구글 클라우드의 역량 강화를 위해 데이터 분석 플랫폼 회사인 루커(Looker)를 인수하였다. 구글의 인수가 항상 성공적인 것은 아니었다. 모토로라 모빌리티(Motorola Mobility)는 애플과 마이크로소프트의 특허를 방어하기 위해 125억 달러라는 거액을 들여 인수했지만 구글이 예상과 달리 디바이스 분야에 진출하지 않으면서 크게 활용되지 않았다는 평가를 받고 있다. 구글의 인수는 내부에서 개발하는 것보다 외부의 회사를 활용하는 것이 성장의 아이디어나 속도 면에서 우수하다고 판단한 결과이다. 국내에서도 무신사의 스타일웨어, 29CM 인수, 야놀자의 인터파크, 나우버스킹, 호텔나우 인수, 크래프톤의 드림모션과 띵스플로우 인수가 맥락을 같이한다고 볼 수 있다.

에스컬레이터를 옮겨 타지 않고 속도만을 높이는 또 다른 방안은 동일 산업 내에서 경쟁사를 인수하여 시장을 확대하는 것이다. 동원그룹의 미국 참치 캔 시장의 1위 기업인 스타키스트 인수가 대표적 경우이다. 2008년 동원그룹은 미국의 델몬트로부터 3억 달러(당시 4,300억 원)를 주고 스타키스트를 인수하였다. 당시 스타키스트의 미국 시장 점유율은 40%로 1등이었다. 동원그룹의 스타키스트 인수 배경에는 한국 내 식품 시장 규모가 작다는 점, 식품 시장은 인구와 밀접한 상관관계가 있는데 우리나라는 인구가 감소 추세에 접어들면서 2050년 이후에는 인구 감소가 예상되어 미래가 밝지 않다고 보았기 때문이었다. 반면에 세계 인구는 증가 추세에 있고 참치 캔 시장이 열리지 않은 국가가 많아, 다른 나라로의 진출은 성장을 위해 반드시 필요한 전략이었다. 스타키스트는 인수 12년이 지난 2020년 매출액이 1조 원을 넘고 순이익이 1,204억 원으로 동원그룹의 효자가 되었다.

우리나라 대기업 집단 중 계열사가 가장 많은 곳은 SK 그룹이다. SK 그룹은 2023년 2월 일 기준으로 201개이다. SK 그룹은 사업 포트폴리오 변화에 인수와 합작사를 가장 잘 활용하기 때문에 숫자가 많다고 설명한다. 그 다음은 카카오 그룹이 126개사이다. 카카오 그룹의 계열사 중 80%가 30인 미만의 소규모 업체인데, 카카오의 거대 플랫폼을 활용하여 다양한 분야의 사업을 시도하기 때문인 것으

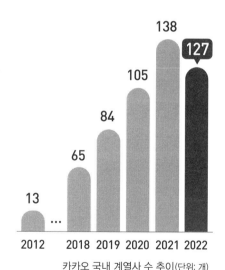

카카오 국내 계열사 수 추이(단위: 개)

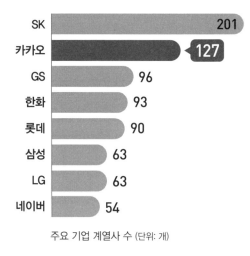

SK	201
카카오	127
GS	96
한화	93
롯데	90
삼성	63
LG	63
네이버	54

주요 기업 계열사 수 (단위: 개)

로 보인다. 과거의 문어발 확장이라는 표현과 달리 계열사를 만들어 새로운 사업을 추진하는 것에 대해 크게 문제 삼지 않는 것이 최근의 분위기이지만 카카오 그룹의 확장은 기업의 사회적 책임과 영향력을 감안하지 않은 것으로 재정비가 필요한 것으로 보인다. 기업의 규모가 커지면 추진할 사업의 내용뿐만 아니라 사업의 방식도 고객과 국민들의 기대에 맞게 바뀌어야 한다는 것이 시장의 평가다.

작지만 빠른 에스컬레이터를 만드는 방법: 사내벤처, Spin-off

에스컬레이터를 옮겨 타는 방법에 반드시 인수 합병만 있는 것은 아니다. 사내에서 완전히 새로운 사업 부문을 만들어 내는 것도 하나의 방법이다. 대표적인 사례가 사내 벤처 제도이다. 임직원 대상으로 새로운 사업 아이디어를 모으고, 채택된 아이디어를 마치 벤처처럼 추진할 수 있도록 지원해주는 제도이다. 그런데 이 제도는 생각보다 잘 작동하지 않는 경우를 종종 보아왔다. 아무리 내부에서 지원을 해준다고 하여도, 외부에서 사업을 추진하는 것보다 절박함도 떨어지고 내부 부서의 일관적인 지원이 실제로는 이루어지지 않는다. 그 결과 중도에 포기하거나 결국은 퇴사를 하여 사업을 하는 것이 대부분이다. 네이버가 삼성전자의 사내 벤처였다는 사실은 유명한 일화이다.

오히려 최근에서는 내부에서 성장성이 높은 사업을 분사(Spin-Off)시키거나 새로운 사업을 추진하기 위한 회사를 만들어 성장률을 높이는 방식을 많이 채택하고 있다.

분사를 하려는 이유는 다양하지만, 무엇보다 기존 기업 내의 사업부로 존재할 때의 가장 큰 문제인 DNA 문제를 해결할 수 있기 때문이다. 사업부로 존재하면 업무 프로세스, 보수 체계, 기업 문화, 인력 운용 등에서 현재 속한 회사의 틀을 벗어나기 어렵다. 예를 들어 CEO가 차별적인 지원을 약속한다고 하여도 보수 체계는 노동조합과의 단체 협약 사항이기 때문에 별도 운영에 한계가 존재하는 것이다. 인력의 채용과 퇴출도 마찬가지이다. 빠르게 성장하는 산업은 당연히 관련 인력의 수급도 쉽지 않다. 보수도 높고 이직률도 높고, 리텐션 비용도 높다. 기존의 보수 체계로는 대응이 어렵다.

KT는 2021년에 성장성이 높은 사업이었지만 클라우드 사업을 KT 클라우드(KT Cloud)라는 회사로 분사하기로 결정하였다. KT 클라우드의 분사를 통해, 성장 사업을 부각시키고 외부 투자를 받을 수 있는 장점도 존재했지만 가장 큰 이유는 해당 사업의 성장률을 지속적으로 높이기 위함이었다. 구체적 이유 중 하나가 인력 수급 문제였다. KT 내에 있을 적에도 15% 내외의 성장을 하고 시장 점유율도 1등인 사업부였지만, 네이버나 NHN 같은 회사들이 클라우드 사업에 진출하고, 데이터 센터 사업을 하던 SKT나 LG유플러스가 공격적으로 사업을 확장하면서, 우수한 클라우드 개발 및 운영 인력을 확보하는 데 어려움이 생기고 심지어 우수 인력이 이직을 하는 상황까지 발생하였다. 인사 부서에 나름 별도의 인센티브를 만들어 대응했지만 결국 기존의 보수 체계로는 대응에 한계가 나타나기 시작했다. 뿐만 아니라 데이터 센터 사업이 아무리 성장 사업이라고 하여도 KT 내의 투자 계획 내에서는 재원을 몰아주는 것이 한계가 있었다. 의사 결정 역시 회사 내에서 기존에 만들어놓은 업무 지침을 벗어날 수 없어서 느려질 수밖에 없었다. 그래서 선택한 방법이 독립된 회사로 분리하는 것이었다. 현재 분리된 회사는 KT 내에 있을 때와는 다른 DNA를 갖는 회사로 진화 중이다. 몇 년 뒤에는 우리나라 데이터 센터 사업과 클라우드 사업을 하는 회사 중에 가장 두각을 나타내는 회사가 될 수 있으리라 기대한다.

최근의 추세는 인수는 하지만 합병은 하지 않는 것이다. 특히 성장에 초점을 둘 경우에는 더욱 그렇다. 합병을 할 경우 덩치가 커지고 기업 문화뿐만 아니라 보수 체계, 인력 구조, 역량 등이 뒤섞이면서 오히려 교통 정리하는 비용이 더 들어가기 때문이다. 독일 다임러벤츠와 미국 크라이슬러사의 합병이 대표적 실패 사례이다. 1998년 합병 후 구조 조정에 실패하였는데 무엇보다 달라도 너무 달랐던 두 기업의 기업 문화가 원인이었다고 알려져 있다. 하지만 비용을 줄여 이익을 높이려고 하는 경우에는 합병을 추진하고는 한다. 두 회사가 가지고 있는 공통의 기능, 예를 들어 인사, 재무, 기획과 같은 백오피스를 합병을 통해 축소할 수 있고, 연구 개발 같은 것은 규모와 범위의 경제를 얻을 수 있기 때문이다.

다른 산업의 성장과
쇠퇴를 살피는 일도 경영이다

여러 인수와 합병 그리고 매각에 실무자로, 책임자로 참여한 경험이 있다. 2백억 원 가치로 인수한 기업이 10여 년이 지난 뒤 2천억 원 이상의 가치를 가진 기업이 되기도 했고, 루닛 같은 인공지능 기업에도 지분을 투자하여 1조 이상이 기업 가치를 평가받아 그 열매를 나누기도 한 경험이 있다. 또 미디어의 핵심 기술을 가진 기업을 인수하여 미디어 사업의 경쟁력이 높아지는 것을 보기도 하였다. 경영자는 기존 사업, 기존 역량으로는 성장이 어렵다면 늘 자신이 속한 산업의 미래뿐만 아니라 다른 산업의 생성과 성장을 살펴야 한다.

> 기업의 성장을 이끌어내는 가장 큰 뾰족함은 내가 속한 산업이 성장 산업이어야 한다는 것이고, 기업이 20년, 30년 지속 성장하려면 자신이 속한 산업의 운명을 잘 살펴야 한다. 만일 자신이 속한 산업의 미래가 어둡다면 새로운 에스컬레이터를 찾아 옮겨 타야 한다.

전혀 다른 산업으로 옮겨가기 위해서, 또는 새로운 성장 아이디어를 찾거나 역량을 확보하는 방안으로 인수나 합병을 고민해야 한다. 동원그룹의 사례처럼 산업이 문제가 아니라 시장이 문제일 때도 인수는 빠른 해결책이 될 수 있다. 내부에서 가능성이 있는 사업을 분사시키는 것도 좋은 방법이다. 방법은 많다. 그러나 어떤 방법을 언제 쓸 것인가를 결정하는 것이 경영자의 몫이라는 점에서 경영자의 책임이 막중하다 할 것이다.

1등을
경험하라

1등과 2등의 기업 가치는
비례하지 않는다

　　내가 초등학교를 다닌 곳은 면 소재지였는데, 우리 반에는 60명이 넘는 아이들이 있었고 한 학년에 3개 반이 있는, 규모가 작은 학교였다. 나보다 우수한 친구가 있었기 때문에 전교 1등은 못 해봤지만 반 1등은 꾸준히 했던 기억이 있다. 전교 1등은 고등학교 3학년이 되면서 1년 동안 했던 경험이 있었다. 그런데 전교 1등과 반 1등의 경험 차이는 상당히 컸다. 전교생이 알아주는 것도 그렇고 선생님들의 관심 정도도 비교가 되지 않았다. 나중에 서울로 대학교를 진학하면서 시골에서 1등을 했다는 친구들을 많이 만났다. 성적은 도시에서 학교를 나온 친구들 보다 좋지 않았지만, 1등을 해봤다는 것 때문에 자신감은 대단했던 기억이 있다.

　　기업도 마찬가지이다. 여기에 두 기업이 있다. 한 기업은 3조 원 시장에서 시장 점유율 5위, 매출은 1년에 1,800억 원이다. 또 하나의 기업은 3천억 원 시장에서 시장 점유율 1위, 매출은 1,800억 원으로 같다. 어떤 기업이 더 기업 가치가 높을 것인가? 물론 여러 변수가 있을 것이다. 해당 산업의 성장 가능성이나 이익률 같은 것이 영향을 끼친다. 하지만 1등 기업의 기업 가치가 높을 가능성이 크고, 특히 1등 기업이 가지는 자신감이나 문화는 5등 기업과는 분명히 다르다.

또 다른 예가 있다. 똑같이 1조 7천억 원의 매출을 올리는 회사가 있다. 하나는 엔터테인먼트 시장에서 1등을 하는 기업이고, K-Pop의 선두주자이다. 글로벌에서의 매출도 만만치 않게 많다. 다른 회사는 게임 회사이다. 국내에서의 시장 점유율도 상당하고 해외에서의 매출도 꽤 높다. 이익은 게임 회사가 3배 정도 높다. 그런데 두 회사 기업 가치는 둘 다 10조 원 수준으로 비슷하다(2023년 4월 기준). 영업 이익이 더 높은데 시가 총액은 왜 비슷할까? 전자는 국내 시장 점유율 1위 기업이고 세계적 아이돌 그룹을 가지고 있다. 후자는 게임 산업의 특성상 점유율에서 압도적 1등을 차지하기도 유지하기도 어려워, 성장성이나 시장을 주도하는 힘에서 차이가 나고, 이것이 기업 가치에 반영되었기 때문이다.

1등 기업만의 매력

왜 이런 차이가 생기는가? 1등이 가지는 매력 때문이다. KT의 사업을 살펴보면 모바일 사업을 제외하고 대부분의 사업이 1등이다. 하지만 가장 덩치가 큰 모바일 사업에서 2등이라는 것 때문에 고객들의 인식이나 시장 가치에서 디스카운트를 받아왔다. 이것이 KT의 모든 임직원이 1등을 만들고 놓치지 않으려 노력하는 이유이다.

> 1등을 하면 사업을 하기 쉽다. 기업을 경영하기 수월하다는 것이다. 1등을 한다는 것은 기업 입장에서는 2등, 3등 기업과는 다른 차원의 게임을 하는 것이다.

우선 훌륭한 파트너들이 제 발로 먼저 찾아온다. 상품을 만드는 기업 입장에서는 유통망이 가장 큰 곳을 먼저 찾아가는 것은 인지상정이다. 그래야 내 제품을 많이 팔 수 있기 때문이다. 백화점이나 대형마트 같은 곳이 유통망 확장 경쟁을 하는 이유 중의 하나가 유통망의 크기가 매출액의 크기를 결정하기도 하지만 1등 유통망을 가지고 있으면 상품을 소싱 하기도 쉽고 가격 협상도 쉽기 때문이다.

네이버가 빠른 시간 안에 온라인 쇼핑을 평정한 것도 이미 가지고 있는 1등 규모의 고객 기반을 바탕으로 온라인 쇼핑 비즈니스 모델을 만들었기 때문이다. 쿠팡의 경우도 처음에는 위메프나 티몬 같은 경쟁자가 있었지만 택배 유통망에서 압도적 1등을 만들면서 이제는 독보적 수준에 올라섰다. 반면에 좋은 제품을 가지고 있으면 유통망이 먼저 접근해 온다. 아이폰 도입 초기 아이폰을 판매하려는 사업자간 경쟁이 치열했고, 국내 스마트폰의 입지가 너무나 좁았다. 하지만 삼성의 스마트폰 품질이 좋아지면서, 삼성 제품을 취급하기 원하는 대리점들이 늘어났고 삼성의 스마트폰 제조사업 부문은 경쟁사보다 수월하게 영업을 할 수 있었다.

통신 사업도 마찬가지이다. KT의 경우 모바일 시장에서는 2등이기 때문에 좋은 유통망을 유지하는 데 어려움을 느껴왔다. 하지만 미디어 시장에서는 1등이었기 때문에 좋은 채널 사업자(Program Provider)와 콘텐츠(Content Provider)를 확보하는 데 어려움이 없었고 시장 흐름을 리드할 수 있었다. 1등이라는 것은 해당 산업 내의 경쟁사나 협력사와 같은 플레이어들이 인정하는 것 못지않게 고객이 인식하는 1등도 중요하다. "고객 인식 1등"이 되어야 고객을 대상으로 하는 마케팅이나 영업이 수월하기 때문이다.

1등 사업이 가지는 매력을 알기에 미디어 사업 1등을 놓치지 않기 위해, KT는 케이블TV인 HCN을 인수하게 되었다. KT는 유료TV 플랫폼에서 꾸준히 1등을 해오고 있었지만, LG유플러스의 CJ헬로비전 인수와 SKT의 티브로드 인수로 자칫하면 1등에서 밀려날 수 있는 상황이 만들어졌다. 1등을 놓치면 사업하기가 어려워진다는 것이 분명하므로 HCN을 인수한다는 결정은 어찌 보면 당연한 것이었다. 이제는 우리나라 미디어 플랫폼은 당연히 KT로, 흔들리지 않는 1등임은 누구나 인정을 하고 있다.

1등 기업의
기업 가치가 높은 이유

1등이 하면 2등, 3등이 따라 하는 경향이 있다. 1등 기업의 행동에는 분명 어떤 전략이 있을 것이라 생각하는 것이다. 1등 기업은 2등, 3등 보다 모든 면에서 규모의 경제와 범위의 경제를 가지고 있을 가능성이 높다. 예를 들면, 동일한 매출을 만드는 데 들어가는 비용이 2등, 3등보다 낮다. 반도체 산업도 그렇고 자동차 산업도 그렇다. 결국 이익률이 높다는 것을 의미한다. 뭔가 다른 시도를 해볼 여지가 있는 것이다. 하지만 2등, 3등은 여유가 없는 데도 1등을 따라가기 급급하다. 새로운 제품이나 새로운 서비스가 나올 때마다 비용을 투입해서 따라가야 한다. 불안하기 때문이다. 그러다보면 적은 내부 자원을 여기저기 나눠 쓰고 기존에 하던 프로젝트마저 어려워지는 경우가 종종 생긴다. 뱁새가 황새 따라가다가 가랑이 찢어진다는 속담이 저절로 머릿속에 떠오르는 것이다.

우리나라에 스마트폰을 만들던 기업이 둘 있었지만, 2위 기업은 7~8년간의 적자를 견디지 못하고 사업을 접었다. 잘한 결정이었다. 사업을 접기 전에 어떻게 하는 것이 좋을지 해당 기업의 고위 임원이 찾아와 물어온 적이 있었다. 내 의견은 "당연히 접어야 한다"였다. 지금까지 들어간 리소스가 아깝지만 1등을 따라잡는 것이 요원해 보였고 스마트폰 사업은 영원히 적자를 벗어나기 어려워 보였다. 사업을 접는 결정은 금방 내렸지만 거기까지 이르는 과정은 고통스러웠을 것이다. 계속 따라가기만 했고 격차가 점점 벌어지기만 했으니 말이다. 스마트폰 사업을 접고, 해당 분야의 전문가를 다른 사업에 분산 배치하면서 오히려 비용도 줄이고 시너지도 생겼다는 이야기를 그 후에 들었다. KT도 매년 사업을 정리했다. 사업 정리의 기준은 성장성과 수익성이다. 계속 성장할 수 있고 이익도 개선될 가능성이 있다면 살려두지만 그렇지 않은 사업은 접는다. 예외적으로 1등인 사업은 좀 더 지켜보자는 결론을 내리고는 했다. 나중에 들어가서 1등을 만드는 것은 너무 힘들기 때문이다. 남을 따라가지 않는 사업, 남이 따라오는 사업을 하는 것이 기업 가치를 올리는 길이다.

1등 기업의 가치가 더 높을 수밖에 없는 이유는 지난 십수 년 동안 모든 산업에서 부익부 빈익빈 현상이 심화되고 있기 때문이다. 일종의 눈덩이 효과(Snowball Effect)인데 인터넷과 모바일의 확산으로 이 현상은 더욱 강해지고 있다. 소위 말하는 쏠림 현상이다. 관광지에 가면 "인터넷 맛집"이라는 곳은 한 시간씩 대기를 한다. 하지만 그 옆집은 30년 전부터 똑같이 장사를 해온 집인데 파리를 날리고 있다. 차이는 검색 서비스에 맛집이라고 이름을 먼저 올린 것 이외에는 차이가 없다. 빵집도 대전의 성심당, 군산의 이성당이 서울에 진출하고 있다. 어묵도 부산의 삼진어묵, 고래사 어묵으로 고객이 몰린다. 유통망의 집중 역시 많은 제조업의 쏠림을 유도했다. 큰 유통망에 납품할 수 있었던 기업은 살아남았고 자신의 독자 유통망을 유지하려 했던 기업은 사라졌다.

첨단 산업도 예외가 아니다. 과거 5~6개 존재했던 스마트폰 제조사도 삼성과 애플만 남아 있다. (중국 스마트폰을 제외하면) 국내도 그렇고 세계적

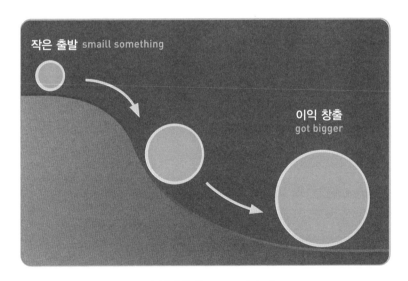

눈덩이 효과(Snowball Effect)

으로도 한 산업 내의 플레이어의 숫자가 점점 줄어들고 있다.

　최근의 티몬과 위메프가 판매 대금 지급 불능으로 파산의 위기에 처해 있다. 자금 흐름을 감안하지 않은 무리한 기업 인수가 직접적인 원인이지만 이커머스 분야는 이미 1등 기업 쿠팡만이 살아남는 상황이었는데, 뭔가를 해보겠다는 자체가 패착이라 할 수 있다. 1등만이 살아남는 상황에는 (글로벌화로 무역의 장벽이 없는 것과 함께) 중국의 영향이 크다. 큰 내수 시장을 바탕으로 낮은 원가로 가격 경쟁력을 앞세운 중국 기업의 등장으로 많은 나라의 제조 기업 숫자가 줄어들었다. 첨단 산업은 미국을 중심으로 한 몇몇 기업들이 지배력을 키워가고 있다. 클라우드는 미국 기업이 전체 시장의 60% 이상을 차지하고 있다. 아마존의 AWS가 전 세계 시장 점유율의 약 32%를 차지한 1등이다. 마이크로소프트(MS)의 애저(Azure)나 구글의 구글 클라우드가 뒤따라 들어와 의미 있는 시장 점유율을 확보하고 있다. 2023년 1/4분기 기준 마이크로소프트의 시장 점유율이 23%까지 올라와 있고 구글은 10% 수준이다. 마이크로소프트가 챗 GPT를 자사의 클라우드와 연동하면서 앞으로 클라우드 시장이 어찌 변화할지 흥미진진하다. 최근 생성형 인공지능으로 온 세계의 주목을 받은 오픈 에이아이(Open AI)사의 챗 GPT를 보면 이 분야도 결국 강력한 한 기업이 주도할 것이라는 생각이 든다. 출시 5일 만에 가입자 100만 명을 모집하고 엄청난 양의 학습 데이터를 빨아들이고 있다. 엄청나게 빠른 속도로 똑똑해지고 있다는 것이

여유 자원 ＋ 쏠림 현상 ＋ 시장 지배력 ＋ 고객 인식 ＝ 1등 프리미엄

다. 모든 사람이나 기업들이 가장 똑똑한 생성형 인공지능을 쓰길 원할 것이므로 결국 챗 GPT가 최종 승자가 될 것이다.

자원에 여유가 있고, 쏠림 현상의 혜택을 받는 1등 기업이 시장을 지배할 가능성이 점점 높아지고 있다. 인터넷과 스마트폰의 확산이 가져온 영향이기도 하다. 이런 쏠림 현상은 인공지능 등장으로 더욱 가속화될 것이다. 인공지능을 도입한 기업의 경쟁력이 빠르게 높아져 후발 주자는 도저히 따라잡기 어렵기 때문이다. 시장을 지배하는 기업은 영업 이익률도 높다.

> 1등 기업의 프리미엄, 즉 선순환이 이루어진다. 높은 시장 점유율은 높은 영업 이익을 가져오고 영업 이익을 다시 내부 혁신과 역량 개발에 투자하고, 그 결과 평판이나 브랜드 이미지가 좋아지며 그 결과가 다시 시장 점유율 향상으로 이어져 1등이 더욱 견고해지는 선순환이 이루어지는 것이다.

실제로 2020년 기준 글로벌 시총 상위 10개 기업의 영업 이익률은 25% 수준으로 경영자 입장에서는 더 이상 부러울 것이 없는 숫자를 기록하였다. 자본 시장 투자자들도 1등 기업에 관심을 집중하는 이유이다.

영원한 1등은 없지만,
1등이 되기 점점 어려운 세상

기업이 지속적으로 성장하기 위해서 경영자는 자신의 기업이 성장 산업에 속하도록 만들어야 하고 나아가 산업 내에서 1등 사업을 만들어야 한다. 그래야 사업을 하기 편해지고 새로운 흐름을 받아들이거나 내부를 혁신하거나 인력을 육성할 때 여유를 가질 수 있다. 등산을 할 때 선두에 서야 지치지 않는 것과 마찬가지이다.

2등, 3등 기업의 경영자는 무엇을 해야 하는가? 모든 사업이나 제품은 아니더라도 1등을 하는 사업이나 상품을 하나라도 만드는 것을 반드시 해야 한다. 이를 통해서 경쟁에서 이길 수 있는 기회가 만들어지기 때문이다.

모든 사업에서 2등인 기업은 미래가 어둡지만, 10개 사업 중 하나의 사업이라도 1등을 하는 기업은 기회가 있다. 1등 사업을 통해 기업의 평판을 바꾸어나갈 수 있고, 1등 상품의 고객을 통해 2등, 3등 상품을 끼워 팔거나 소개하거나 이미지를 바꾸어나갈 수 있는 기회가 생기기 때문이다. 학교에서도 성적은 중간이지만 수학이나 과학만큼은 전교 1등인 친구가 나중에 대성하는 것처럼 말이다. 2등, 3등 기업의 경영자가 피해야 할 것은 1등 기업을 따라가는 일이다. 그들을 따라가는 이유는 불안하기 때문이다. 때로는 불안과 결별하고 1등 기업이 내는 제품과 서비스를 무시하여야 한다. 나만의 주관을 가지고 하나라도 1등 제품과 서비스를 만드는 데 집중하여야 한다.

영원한 1등은 없지만, 1등을 빼앗기가 점점 어려운 세상이 오고 있다. 더욱 노력을 해야 하는 이유이다.

뾰족한
못을
만들어라

사업의 뾰족한 못,
1등 제품과 1등 서비스

           1등이 가지는 장점을 앞서 이야기한 바 있다. 1등 상품을 가지고 있으면 좋은 유통망을 확보하기 쉽기 때문에 판매에 대한 고민이 줄어들 수밖에 없다. 1등 유통망을 가지고 있으면 좋은 상품을 소싱하기 좋으며, 최상위 고객을 가지고 있으면 차상위 고객을 공략하기 쉽다. 최상위 고객이 우리 기업의 상품이나 서비스를 사용한다는 사실만으로 다른 고객들이 구매할 가능성이 높아진다. 셀럽이 입는 옷이나 들고 다니는 핸드백을 따라 사는 것이 한 예이다. 광고에서 유명 스포츠 선수나 배우를 고용하는 것도 그런 이유이다. 우리나라의 명품 시장이 날로 커지는 것은 최상위 고객에서 시작된 명품 구매가 이제는 차상위 고객으로 활발히 확대되고 있기 때문이다. 시장에서도 1등 시장이 존재한다. 예를 들어 우리 제품이 진출한 국가가 세계 최대 규모의 시장이라면 그 다음 규모의 국가로 진출하는 것은 그리 어렵지 않다. 성공만 한다면 매출이 크게 오르고 규모의 경제 때문에 원가 경쟁력을 갖게 되고 이를 바탕으로 다른 국가의 진출이 수월해진다. 모든 기업이 중국이나 미국 시장에 진출하려는 이유이다.

> 영원한 1등은 없지만, 1등 프리미엄 1등 쏠림 현상은 1등을 빼앗는 것이 점점 어려운 세상을 만들고 있다.

어떻게 1등을 만들 것인가에 대한 이야기를 하고자 한다. 뾰족하지 않은 못은 아무리 세게 내려쳐도 잘 박히지 않는다. 그 못이 구부러지거나 심지어는 튕겨나갔던 경험이 있을 것이다. 망치를 바꾸어도 잘 박히지 않는 것은 마찬가지였다. 문제는 망치가 아니라 못에 있는 것이니, 애꿎게 망치 탓할 일은 아닌 것이다. 기업도 마찬가지이다. 뾰족하지 않은 제품이나 서비스를 만들어놓고는 판매가 부진하다며 영업 부서를 불러다 혼을 내는 경우를 종종 본다. 2등, 3등 유통망을 가지고 있으면서 1등 상품을 소싱하지 못한다고 상품 구매 부서를 책망하고는 한다.

많은 경영자들이 1등을 시장 점유율로만 판단하거나 품질, 가격, 성능 등 모든 면에서 우수한 것을 1등으로 여기는 경향이 있다. 그런 기준으로 보면 1등이 아닌 기업은 희망이 없을 것이다. 하지만 포기하지 말고 시장 점유율은 2등이지만 1등 속성, 1등 고객 세그먼트를 찾은 다음에 1등을 만들어내야 한다.

뾰족한 못 만들기:
제품 속성을 나누고 1등 속성을 찾아라

가장 안 좋은 2등은 모든 제품이 1등 기업에 뒤져 있는 경우이다. 실제로, 국내의 모 PEF가 어떤 기업이 1등 기업이라 생각하고 인수를 진행했는데, 매출 사이즈는 1등이었지만, 운영하는 사업을 하나하나 뜯어보니 1등 사업이 하나도 없어 난감했다는 후일담을 들을 수 있었다. 회사 내에 1등 사업이 하나라도 있으면 그걸 바탕으로 회사의 평판도 바꿀 수 있고, 다른 2등 상품의 매출도 확대할 여지가 있다. 여기에서 1등 상품이나 1등 서비스가 뾰족한 못이다. 2등 기업이 뾰족한 못을 만드는 방법은 경쟁자보다 뛰어난 제품이나 서비스를 만드는 것이다. 하지만 오랜 기간 기술 개발을 통해 품질과 가격이 우수한 제품을 만드는 승부를 해야 하는데 경쟁자인 1등 기업도 마찬가지 전략을 취하고 있다면 어찌해야 할 것인가?

오래된 이야기이지만 30년 전 삼성의료원이 개원할 적에 최고의 의료 인력을 데려오는 데 어려움을 겪었다. 시설이나 보수가 아무리 좋아도 기존 병원에서 최고로 대접받는 의사들 입장에서는 신생 병원으로 굳이 옮길 이유가 없었기 때문이다. 그럼에도 불구하고 삼성의료원은 짧은 기간 안에 국내 최고 병원 중의 하나로 자리 잡았다. 비결은 다른 병원들이 주목하지 않았던 고객 서비스에 있었다. 당시로서는 병원에서 환자들을 고객으로 여기고 응대해주는 병원이 거의 없었다. 다급한 것은 환자이니 의료진 중심으로 병원이 운영되고 환자들은 당연히 불편할 수밖에 없었다. 하지만 삼성의료원의 서비스는 남달랐다. 삼성의료원을 다녀온 환자들이 호텔 같은 서비스를 칭찬하고 입소문이 나면서 환자들이 몰려들기 시작했고, 짧은 시간에 고객 서비스만큼은 최고의 병원이라는 평판을 얻을 수 있었다. 국내 최고 수준의 서비스를 제공하여 1등 이미지를 만들어나간 것이다. 이를 바탕으로 우수한 의료진을 데려오면서 오늘날의 삼성의료원이 되었다.

기업도 마찬가지이다. 고객들의 페인 포인트(Pain Point)를 살펴보고 제품의 품질이나 가격뿐 아니라 A/S, 사용 경험, 사용 후 처리(예: 자동차 판매에 있어 중요한 것은 사용하던 중고 차량의 처리이다) 등에 집중하는 것도 고민해야 한다. 제품이나 서비스를 구매하고 이용하는 과정에는 다양한 속성이 영향을 끼친다. 이동 통신 서비스는 서비스 가격, 통화 및 데이터 품질, 부가 서비스의 유용성, 이동 전화 파손 시의 처리, 고객 서비스, 무선 인터넷(WiFi) 접근성, 중고 핸드폰 처리 편의성 등의 다양한 속성으로 이루어진다. KT의 이동 통신 서비스는 후발 사업자라는 것 때문에 오랫동안 2등 서비스라는 고객 인식에서 벗어나기 어려웠다. 그러나 다양한 서비스 속성을 기준으로 고객 인식을 조사한 결과 WiFi에 대한 접근성은 KT가 1등인 것을 발견했다. WiFi에 대한 적극적인 투자와 고객에 대한 적극적인 소구를 통하여 데이터를 많이 사용하는 고객군에게 KT의 이동 통신 서비스가 최고라는 점을 어필했다. 그 결과 젊은 고객들에게는 KT의 이동 통신 서비스가 SKT보다는 낫다는 평가를 받게 되었다.

KT의 B2B 사업에서도 비슷한 경험을 가지고 있다. 기업, 정부, 지자체를 대상으로 하는 B2B 사업은 제안, 선정, 수행, 사후 서비스와 같은 복잡한 과정을 거쳐 진행된다. 기획부문장 시절인 2016년에 중소기업을 대상으로 직접 컨설팅 하는 팀을 7명 규모로 만들었다. 당시까지만 해도 가격 경쟁 외에는 뚜렷한 차별점이 없었는데, 경쟁을 하면 할수록 손해를 보고는 하였다. 새로운 돌파구가 절실하였다. 시작은 우리 서비스를 사용하든 안 하든 상관없이 우리가 가진 경험을 가지고 무료로 컨설팅을 해주는 것이었다. KT 내에는 재무, 인사, 기업 문화, 유통, 통신 서비스 등 여러 부서가 있었기 때문에 웬만한 중소기업을 컨설팅할 능력이 있었다. 컨설팅이 거듭되면서, 컨설팅을 받은 기업들이 KT의 B2B 서비스를 선택하였고, 이 경험을 단서로 본격적으로 컨설팅 조직을 키웠다. 컨설팅이 늘어나면서 수주가 늘었고 7명에서 출발한 조직은 본부급 조직으로 성장하여 수주에 기여하는 규모가 최근에는 2,000억 원에 달하고 있다. 컨설팅이라는 서비스 속성을 찾아내고 이를 1등 수준으로 만들어 B2B의 경쟁력을 높인 것이다.

1등 사업이나 서비스를 가지고 있지 않다고 주저앉을 일이 아니다. 내가 가진 제품이나 서비스의 고객 구매 여정이나 이용 경험을 치밀히 분석하여 고객이 1등으로 인정하는 속성을 발견하거나 만들 수 있다면 나도 1등이 될 수 있는 여지가 있는 것이다.

뾰족한 못 만들기:
고객을 잘게 나누고 1등 고객을 찾아라

서비스 속성으로 쪼개어 비교를 해도 1등이 존재하지 않는다면 막막할 것이다. 어찌해야 할까? 경영자가 해야 할 일은 이번에는 제품이나 서비스를 구매하는 고객들을 잘게 쪼개보는 것이다.

다시 KT의 사례이다. 이동 통신 서비스 고객을 잘게 쪼개본 적이 있다. 하나의 세그먼트를 제외하고 모든 세그먼트에서 SKT에 밀리는 2등이었지만 우리는 1등을 하는 세그먼트인 10대 후반에서 20대 초반을 발견하고는 가능성을 확인할 수 있었다. 용돈을 받아 쓰지만 데이터는 많이 사용하는 고객군으로, 앞서 말한 것처럼 WiFi에 대한 선호도가 높은 고객군이었다. 만일 이 고객군이 나이가 들면서도 계속 KT를 쓴다면 우리가 1등을 하는 고객군이 확대될 것이라는 생각을 했고 20대를 타깃으로 하는 "Y"라는 브랜드를 만드는 계기가 되었다. 현재 KT의 "Y" 브랜드는 20대 후반까지를 대상으로 하며, 경쟁사에 밀리지 않는 1등 브랜드로 인식되고 있다. 해당 사업 부문의 마케팅을 오랫동안 해온 선후배 임직원들이 착안하고 노력한 결과인데, 이들이 없었더라면 아직도 2등 이미지로 고생을 하고 있을 것이라는 생각이 든다.

LGU+의 아이들 나라도 유사한 사례이다. LGU+의 IPTV 서비스는 전체적인 고객 인식에서는 2등, 3등을 하는 브랜드이지만, 유독 아이들을 대상으로 하는 서비스인 아이들나라에서는 1등을 하고 있다. 재미있는 것은 영유아 고객군에서 1등을 빼앗기자 유아와 초등학교 저학년 어린이를 키우는 30대 후반~40대 초반 고객군에서도 KT의 IPTV가 고전하기 시작했다는 것이다. 아이들 취향에 부모가 따라간 결과이다.

모든 고객 세그먼트에서 1등이 아니어도 실망할 필요가 없다. 내 제품이나 서비스를 구매하는 고객을 더욱 잘게 쪼개면, 특정 지역, 특정 세대, 특정 상황에서 1등이 나올 것이다. 이걸 활용하면 된다. 만일 강남구에서 1등을 한다면 소득이 높은 지역에서 1등을 할 수 있는 방법이 있을 것이고, 70대 이상의 노령층에서 1등을 한다면 그 이유를 찾아 활용하면 되는 것이다. 아침에 간단한 식사로 즐겨 먹는 시리얼 시장을 보면 제품이 매우 다양하다. 어린이용도 있고, 바쁜 직장인을 위한 것도 있고, 건강을 생각하는 사람들을 위해 섬유질을 강조한 제품도 있다. 자기들이 선택한 세그먼트에서 1등을 하겠다는 생각으로 제품을 만들어내는 것이다. 김치 김밥, 참치 김밥, 소고기 김밥 같이 다양한 김밥을 내놓고 먹는 사람이 자신의 취향에 따라 고르도록 하는 것과는 다른 접근이다. 고객의 선택을 기다리는 것이 아니라 고객이 선택하도록 하는 것이 잘게 나눈 고객 세그먼트에서 1등을 하는 데 유리한 방법이다.

뾰족한 못 만들기:
특정 상황에서의 1등을 만들어라

제품 속성에서도, 고객 세그먼트에서도 1등이 하나도 없다면, 어렵더라도 역으로 특정 고객의 특정 상황을 대상으로 1등을 만들어내는 것도 유효한 전략이다. 리버스 엔지니어링 접근이다. 우리나라의 소방 방재 분야의 강소 기업인 ㈜KMS는 독일에서 소방 방재 제품을 수입해서 판매하는 오퍼상으로 출발했다. 당연히 1등 제품이 있을 수 없었다. 이 회사가 주목한 것은 고객의 특정 상황에서의 니즈였다. 화재가 발생할 가능성이 높은 작은 공간에서의 초기 진화였다. 전체적인 방재 시스템으로 국내 기업 설비를 채택하는 것은 고객 입장에서는 대단히 위험 부담이 높다. 그래서 소방 방재 시장은 아직도 유럽 설비들이 주를 이루고 있다. 이런 상황에서 신생 기업으로서는 시장에 진입하기 조차 버거웠기 때문에 작은 공간의 초기 진화, 그중에서도 기관실의 초기 진화에 집중한 것이다. 8년여에 걸친 연구 개발로 제품을 만들고 고객을 확보할 수 있었고 해당 분야에서 국내 1등이 되었다. 그 사이 경쟁사들이 나왔지만 이번에는 IOT기술을 결합하여 다시 한 번 차별화를 만들어냈고, 이를 바탕으로 고객과 제품을 확대해나갈 수 있었다.

차움병원의 건강 검진도 특정 상황에서의 1등을 추구한 결과이다. 건강 검진은 피검진자들이 이동하면서 검진 장소를 찾아간다. 검진의 효율성을 높일 수 있기 때문이다. 검진 시장의 가격 경쟁이 영향을 끼친 결과이다. 하지만 차움병원의 고가 건강 검진 서비스는 대부분의 검진이 하나의 공간에서 이루어진다. 물론 가격은 비싸지만, 지불할 의사가 있는 고객이 존재한다. 차움병원의 고급스러운 건강 검진은 특정 고객층의 특정한 상황에서는 1등인 서비스를 만들어냈고 이것이 차움병원의 일반 건강 검진의 이미지를 고급화시키고 낮은 가격의 건강 검진 시장으로 진출하는 데도 기여하였다.

챗 GPT의 등장으로 생성형 인공지능 사업은 이제 미국의 오픈AI가 독

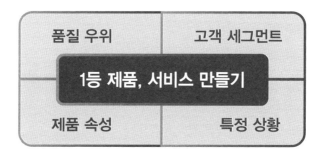

점하는 듯한 분위기가 만들어지고 있다. 하지만 특정 상황, 특정 고객에게 는 맞지 않는 부분이 분명히 존재한다. 예를 들어 정부의 경우 챗 GPT를 활용하기 위해 정부 자료를 오픈AI의 클라우드 서버에 업로드하는 것은 보안상의 문제로 불가할 것이다. 이런 상황에 처한 고객을 만족시키는 생 성형 인공지능 사업 기회가 분명히 한국의 인공지능 기업들에게도 존재한 다고 생각한다.

최근 HBM을 둘러싼 SK하이닉스와 삼성전자의 변화는 눈여겨볼 만하 다. 지난 30여 년 가까이 삼성전자는 반도체 특히 DRAM 분야에서는 세 계 최고의 기업이었고, 그 누구도 SK하이닉스가 삼성전자를 따라잡으리 라 생각하지 않았다. 하지만 HBM 분야에서 1등을 차지하자 묘한 일이 생 기고 있다. 혁신 그 자체라 생각했던 삼성의 반도체 부문에 대한 의구심이 업계에서 나오고, SK하이닉스의 기술력에 대한 신뢰와 재평가가 이루어 지는 것이다.

자본 시장에서의 변화도 일어나고 있다. 삼성전자 주가는 지지부진한 데, SK하이닉스의 주가는 상승하였다. 1등 제품을 하나 만들었을 뿐인데 이 제품이 반도체 업계의 게임 체인저가 되고 있는 것이다.

파운드리, 인공지능 반도체에 이어 HBM까지 미래 성장 분야에서 1등 을 놓친 삼성전자의 대응과 미래가 궁금하다. SK하이닉스도 새로운 1등 제품을 계속 만들어낸다면 "영원한 1등은 없다"는 말을 증명하는 기업이 될 수 있다.

> **1등 쏠림 현상이 커지고 있지만, 우리가 절실하게 고민을 하고 고객의 필요 를 잘게 나누어 들여다본다면, 1등 사업을 만들어내는 것이 가능하다는 생각**

은 변함이 없다. 사업은 고민하면 고민할수록 방법이 보인다.

수많은 경쟁자가 있지만 나의 못을 뾰족하게 만드는 것이 불가능한 일이 아니다. 오히려 경계해야 할 것은 쉽게 포기하거나 경영자 혼자 고민하는 것이다. 우리 기업 안에는 자신의 일을 사랑하는 사람들이 많다. 이들에게 비전을 심어주고 뜻을 하나로 모을 수 있다면 1등을 하는 방법은 나오게 되어 있다. 그런 점에서 어떤 경영 소프트웨어를 가지고 있는가가 중요한 과제가 될 것이다.

제대로 경쟁하기

PART

시장에서의 경쟁은 필연적이다. 모든 기업은 경쟁에서 이기길 원한다. 하지만 경쟁에서 승리하기 위해 기업의 가치를 낮추고 지속적인 성장을 희생양으로 삼는 결정은 올바른 접근이 아니라고 생각한다. 경쟁에서 승리하는 것보다 지속적으로 성장하는 것이 더 가치 있다.

경쟁에서 이기는 손쉬운 방법이 가격 경쟁이다. 하지만 가격 경쟁은 결국 기업과 고객의 손해로 연결된다는 점에서, 고객에게 차별적인 가치를 제공하고 고객 인식 점유율을 높이는 경쟁을 해야 한다. 제대로 된 경쟁은 기업뿐만 아니라 고객에게도 가치가 있다.

2

모두 다
잘 생겼다면,
엣지 있게
차려입어라

경쟁에서 중요한 세 가지:
차별화, 고객 인식, 경쟁 과정

　　　　　　　　세계적 모델들이 등장하는 패션쇼를 보면서 "어찌 저렇게 모두 개성 있게 생겼을까" 생각했던 적이 있다. 세계적 모델의 기준은 잘 생겼거나 예쁜 얼굴이 아니라 개성이라고 한다. 우리나라가 선진국이 되면서 젊은이들이 키도 크고 얼굴도 멋지고 어느 나라의 젊은이들에게도 뒤지지 않게 되었다. 더욱이 옷을 입는 감각을 보면 "개성이 있다, 세계 최고 수준이다"라는 감탄이 나온다. 요즘은 모든 사람들이 비슷한 옷을 입는 경우를 찾아볼 수가 없지만 80년대 남학생들의 일상복은 모두 짙은 색깔의 "추리닝복" 이었다. 차이는 "추리닝복" 옆 줄이 세 줄이냐 두 줄이냐 정도만 있었을 뿐이었다. 경제가 발전하면서 경제적인 여유가 생기고 다양한 패션 디자인들이 나왔고, 자신을 표현하는 것에 관심이 높아지면서, 남들과 다른 개성 있는 패션이 중요해졌다.

기업들도 마찬가지이다. 고객도 다양해지고 요구도 복잡해지고 경쟁이 치열해짐에 따라 개성을 갖춘 제품과 서비스가 중요해지고 있다. 자동차만 해도 그렇다. 과거의 자동차는 수입도 제한적이었고 국내 자동차 라인업도 적었기 때문에 자동차 구입 예산이 정해지면 차종은 자동적으로 정해지곤 했었다. 하지만 현재의 자동차 시장은 수입차도 아주 고가에서 중가까지 다양하고, 국내 자동차도 1억 원대에서 2천만 원대로 폭넓다. 세단에서 SUV, RV 등 다용도 차량과 다양한 디자인 등 수십 가지 선택지가 존재한다. 최근에는 전기차도 등장하여 기능의 차이도 중요해지고 있다. 식품 시장도 너무나 다양한 형태의 제품이 만들어져 판매되고 있다. 달걀만 하더라도 생산 조건에 따라 가격 폭이 100% 이상 차이가 나고 우유도 비타민D 강화, 소화 잘되는 우유, 저온 살균 우유 등 다양한 기능과 스토리를 가진 제품이 수십 가지가 판매가 되고 있다. 단순히 싸고 좋은 것을 찾던 시대는 가고, 제품 간의 차이를 비교하는 시대가 되었다.

통신 사업만큼 치열하게 경쟁을 해온 시장은 없었다. 30여 년 가까운 시간 막대한 재원과 거대한 유통망을 구축하여 경쟁을 해왔다. 경쟁 방법으로 주로 사용한 것이 가격 경쟁이었다. 하지만 오랜 경쟁을 겪으면서 얻은 교훈은 차별화, 고객 인식, 그리고 경쟁을 하는 과정이 더 중요하다는 것이었다. 이 가운데 차별화가 가장 중요하다.

> **차별화는 "경쟁사와 다른 점"을 말한다. 경쟁에서 승리하기 위한 첫 번째 뾰족함이다.**

새로운 서비스 출시나 중요한 사업 입찰 경쟁에 들어가기 전에 항상 하는 질문이 있었다. "우리가 경쟁자와 다른 것이 무엇입니까? 그것이 고객에게 필요한 것입니까?" 즉 우리의 서비스가 차별화 포인트가 있는가 그리고 그 포인트가 고객에게 어필할 수 있는 것인가?라는 질문이다. 차별화의 중요성은 삼성전자에서 반도체 신화를 이룩한 황창규 회장이 KT의 CEO가 된 후에 강조한 것 중의 하나였는데 나 역시 CEO가 된 이후에 지속적으로 강조한 사항이었다. 통상적으로 통신 서비스는 품질에서 크게 차이가 없는 것으로 알려져 있어 종종 가격 경쟁에 매달려왔고, 기술 점수에 앞서도 가격 점수에 뒤져서 입찰에 실패하고는 했다. 황창규 회장은 KT의 CEO가 된 후 차별화를 강조해왔고, 초기에는 KT가 가지고 있는 전국을 커버하는 강력한 네트워크와 유지·보수 능력을 차별화 포인트로 내세웠으나 회사 안의 IT 역량, 컨설팅 역량, 인공지능 활용, 생태계 역량이 강화되고 발전됨에 따라, 인공지능을 활용한 감시나 문제 해결 능력, KT 서비스를 구매함에 따른 컨설팅 서비스, 클라우드 생태계로의 편입 등이 차별화 요소로 활용되었다. 최근에는 가격이 아니라 차별화 요소 때문에 고객이 KT의 서비스를 선택하는 경우가 점점 증가하고 있는데 이는 모든 산업이나 기업에게도 동일하게 적용될 수 있을 것이다.

지속적인 가격 경쟁으로는
미래가 없다

경쟁을 하다보면 경쟁 결과에 예민해진다. 영업 부서의 책임자만 아니라 CEO도 마찬가지이다. 가격을 낮춰서라도 많이 팔고 싶고, 입찰에서 이기고 싶은 유혹이 생긴다. 그러나 내가 가격을 낮추면 상대방도 가격을 낮추는 것이 일반적이다. 그에 맞추어 나도 대응을 하면 상대방도 대응을 하는 악순환이 벌어진다. 가격 경쟁이 일어나는 것이다. 우리가 명심해야 할 것은 가장 수준이 낮은 경쟁 방법이 가격 경쟁이라는 것이다. 가격 경쟁이 매우 심한 나라가 한국과 일본이라고 한다. 두 나라의 경영진은 전통적으로 시장 점유율 1등을 워낙 중시하기 때문에 무리를 해서라도 수주나 판매를 하기를 원하고, 이때 가장 손쉬운 방법이 가격을 낮추는 것이어서 가격 경쟁을 치열하게 한다는 것이다. 가격 경쟁은 가장 빠르게 효과를 나타내므로 경영진도, 영업 채널도 유혹을 이겨내기 어렵다. 특히 고정비가 높은 경우, 고정비라도 건지기 위해서 재고를 쌓아놓는 것보다 판매를 하는 것이 유리하기 때문에 가격 경쟁을 선호하게 된다. 하지만 지속적인 가격 경쟁은 판매가를 생산 원가보다 낮게 만들어, 결국은 이익을 훼손시키고 기업을 살아남지 못하게 한다. 심지어 기업이 살아남기 위해 가격을 낮추는 대가로 품질을 낮추는 경우 경쟁의 폐해가 고객에게까지 미치게 된다는 점에서 지나친 가격 경쟁은 바람직스럽지 않다.

무엇보다 가격 경쟁으로 낮아진 가격에 익숙해진 고객들은 나중에 정상화된 가격을 받아들이지 못하고 구매를 미루거나 취소하는 경향이 있다는 점에서 가격 경쟁의 후유증은 생각보다 클 뿐만 아니라 오래간다.

제품이나 서비스를 만드는 처음부터 경쟁자와 다른 점 즉 차별화를 고민해야 한다. 만일 그 차별화 포인트가 고객에게 소구할 수 있는 것이라면, 가격을 가지고 경쟁을 하는 것이 아니라 스토리를 가지고 경쟁할 수 있기 때문이

다. 가격 경쟁은 상대방이 쉽게 따라올 수 있다는 점에서 뾰족한 경쟁 수단이 될 수 없다.

차별화를 만드는 방법

가격 경쟁을 피하기 위해서는 경쟁사와 다른 무엇을 만들어야 하고, 이것을 고객에게 어필할 수 있어야 한다. 차이점을 만드는 방법은 여러 가지가 있다. 예를 들면 원료를 달리 쓰는 것이다. 유기농 원료를 쓴 식품이 대표적이다. 유기농 우유, 유기농 채소, 유기농 과일은 비싸지만, 건강을 위해 비싼 가격을 지불할 의사가 있는 고객이 있기 때문에 오히려 이윤이 더 높다고 한다.

유기농은 아니지만 한우 소고기를 취급하는 식당이 원산지를 "대한민국"이라고 크고 굵은 글씨로 써놓은 것을 종종 볼 수 있다. 수입산 소고기

를 취급하는 식당과는 식재료가 다르다는 것을 알리는 것이다. 서울 강남의 한우 고기를 취급하는 많은 식당들이 엄청나게 비싼 가격으로 판매를 하지만 여전히 성황 중이다. 대개 그런 식당들은 "○○도축장 직송, 오늘 아침 도착"과 같은 포스터를 붙여놓고 있다. 원산지와 신선도를 차별화하여 큰 마진을 얻고 있는 것이다. 패션 산업에서도 일반적인 울이 아니라 캐시미어를 쓴 옷감이라는 것을 알리거나, 최근에는 환경을 고려하여 재생 의류로 뽑은 원료사를 쓴다는 것을 차별화 마케팅에 활용하고 있다.

다른 방법은 제품을 만들거나 서비스를 제공하는 과정에서의 차이를 강조하는 것이다. 요즘 유행하는 대형 베이커리 카페를 가면, "천연 효모를 활용하여 48시간 동안 숙성하여" 이런 식의 문구를 본적이 있을 것이다. 공장에서 찍어내듯이 만들지 않았다는 이야기이다. 달걀은 가장 많이 소비되는 식품이다. 대량으로 달걀을 생산하는 양계장의 사육 환경이 좋지 않다는 것과 차별화하여, 자연 방사를 통해 키우거나, 암탉과 수탉을 우리에 가두지 않고 자연스럽게 키워 낳은 유정란과 같이 사육 환경을 개선하여 비싼 값에 판매를 한다. 소비자 역시 좋은 사육 환경에 대해 충분히 가치를 인정하고 높은 가격을 자연스럽게 받아들이고 있다. 트렌드가 바뀌고 있는 것이다.

통신 서비스도 마찬가지이다. 기업 고객들이 우려하는 것 중에 하나가 정보 보안이다. KT의 경우 많은 기업들이 우려하는 정보 보안을 네트워크 차원에서 방어하는 능력이 있다. 디도스 공격을 시도하는 IP를 인공지능을 통해 신속히 발견하여 차단하고, 이상 트래픽이 고객에게 전달되지 않도록 버리는 과정 등 여러 가지 기술이 네트워크 관리상에 포함되어 있다. 이러한 과정을 어필하여 KT의 서비스가 다른 통신사와 차별화되어 있다는 인정을 받고 수주에 성공하는 경우가 종종 있었다.

디자인의 차이와 충성 브랜드를 만드는 것은 차별화의 가장 일반적인 방법이다. 비슷한 원료와 제조 방법을 사용하더라도 디자인을 어떻게 하는가에 따라 차별화할 수 있는 여지가 너무나도 많다. 패션 산업은 디자인의 차이가 만들어낸 산업이고, 패션 회사 사이의 경쟁은 고객들의 머릿속에 해당 브랜드나 디자인을 인식시키는 과정의 싸움이라고 볼 수 있다. 용도의 차이를 활용하는 것도 방법이다. 예를 들어 이 제품은 특히 어린아이나 어르신들이 필요로 하는 제품이라는 식의 접근을 하는 것이다. 만일 해당 고객 세그먼트에 경쟁자가 없다면 해당 세그먼트에서 1등 지위를 누릴 수 있는 가능성도 높기 때문에 최근에는 타깃 고객 세그먼트를 결정하고 이에 맞추어 제품이나 서비스를 기획하는 것이 일반화되고 있다.

또 다른 방법은 고객의 이용 경험을 차별화하는 것이다. 혁신적 이용 경험의 대표적 사례는 애플의 아이폰이다. 직관적인 유저 인터페이스를 통해, 따로 설명서를 읽지 않아도 몇 번의 시도만으로 사용 방법을 터득할 수 있도록 하고, 예상치 못한 기능을 제공하여 기존의 제품과는 완전히 다른 이용 경험을 제공하고 있다. 여전히 안드로이드 폰보다 우월한 지위를 차지하는 이유이기도 하다. 반드시 기술적인 것만이 이용 경험 차별화의 수단은 아니다. 멋진 포장을 통해 제품을 구매하면서 언박싱 하는 과정을 인스타그램에 올리도록 유도하는 것도, 같은 메뉴의 음식을 먹거나 비슷한 수준의 숙소에 머물러도 멋진 바닷가 앞에 있다면 역시 이용 경험을 통해 차별화한 것이라 할 수 있다.

최근에는 ESG를 차별화 포인트로 활용하는 사례가 늘어나고 있다. 공정 무역 인증 커피가 그 예이다. 이것은 중남미의 커피 농부들이 재배한 유기농 커피를 대기업이 아닌 시민 활동가들의 네트워크를 통해 전 세계에 유통하고, 농부들의 수입을 높여주자는 활동에서 시작되었다. 공정 무역 인증 제품 판매 수익은 국내의 관련 기업에게도 혜택이 돌아가고, 이 제품을 구매하는 기업의 사회 공헌 이미지를 높여주고 있다.

후기브스어크랩(Who Gives A Crap)이라는 회사가 있다. 호주의 한 화장지 회사인데, 자기가 번 이익의 절반을 기부한다고 하고 지금까지 기부한 금액이 1,000만 달러를 넘고 있다. 2020년에는 호주의 코카콜라보다 기부한 금액이 많다고 한다.

창업자 사이먼 그리피스는 어릴 때부터 개발도상국에 머무를 기회가 많았고, 자신이 누려오는 기회들이 다른 개발도상국 아이들에게는 당연한 것이 아니었음을 알게 되었다. 이를 토대로 한 지속적인 관심은 그의 회사가 사회적 기업이 된 배경이다. 그는 도움의 규모를 키우려고 개발도상국에 화장실을 짓기 위한 사업으로 화장지 사업을 시작하였는데, 단순히 좋은 의도만을 가지고 상품을 판매하는 것이 아니라 재생 사무용 용지를 원료로 사용하고, 화장지의 사용 경험도 혁신하는 등 기존 업체와는 완전히 다른 차별화를 시도하고 있다. 예를 들면 포장도 바꾸어서 12롤이면 12롤 모두 포장 디자인이 다르다고 한다. 알록달록한 디자인도 있지만 어떤 디자인은 매우 차분하다고 하다고 한다. 소위 언박싱 하는 재미가 있는 것이다. 세계적인 팝 아티스트 크랙 앤 칼과 협업도 했는데, 화장지를 가지고 팝 아티스트와의 협업을 했다는 자체가 소비자의 관심을 충분히 끌 만하다. 후기브스어크랩은 개발도상국 후원이라는 ESG에서 출발하여 디자인, 이용 경험, 소비자 참여 등 많은 면에서 차별화를 하였고, 사업적인 성과역시 뛰어난 성공적 사례라 할 수 있다.

기업이 생각하는 차별화, 고객이 받아들이는 차별화

　우리나라 커피 카페 시장의 경쟁 상황을 보면 기업이 생각한 차별화와 고객이 받아들이는 차별화가 어찌 다른지를 알 수 있다. 2000년대 초반 톰앤톰스, 커피빈, 스타벅스, 할리스 등으로 시작된 커피 카페 시장은 그동안 꾸준히 성장하여 현재 대략 8조 원 규모로 알려져 있다. 전국에 1,000개 이상 매장을 가진 브랜드도 메가커피, 투썸플레이스, 이디야 커피, 스타벅스 등 4개 브랜드가 있다. 한국의 커피 시장이 급성장한 데에는 커피가 중독성이 있는 음료로, 마시기 시작하면 줄이기 어렵다는 점도 있지만, 한국에서는 카페가 단순히 커피를 마시는 공간 이상의 의미가 있다는 것도 작용하였다. 우리나라의 주택은 충분한 공간이 부족하다. 하지만 대형 카페는 개방감이 좋고 층고도 높은 사회적 공간으로 커피를 마시는 곳보다는 시간을 즐거이 보낼 수 있는 여유로운 공간이다. 우리나라 주택의 단점을 보완해주고 있다. 실제로 카페에 가면 노트북으로 일을 하거나 책을 보거나 친구를 만나거나 가족끼리 담소를 나누는 사람들을 많이 볼 수 있다. 집에서는 만날 수 없는 멋진 공간을 즐기는 것이다.

　흥미로운 것은 공간의 차별화에 영향을 미친 것이 커피의 맛이 아니라, 콘센트와 와이파이 접근성이라는 것이다. 커피빈과 스타벅스가 본격적으로 경쟁을 시작하던 시점이 2000년대 중반인데, 커피빈은 공간에 머무는 사람들이 수익성을 저해한다고 판단해서 콘센트 사용을 어렵게 하고 와이파이 접근성을 낮춘 반면, 스타벅스는 반대 정책을 취했다. 시간이 지나면서 결과는 스타벅스의 매장 숫자는 꾸준히 성장하여 대한민국의 대표 카페 브랜드로 자리 잡은 반면, 커피빈은 250여 개의 매장을 가진 중형 브랜드로 축소되었다. 커피 카페 사업에서 공간이 갖는 차별화는 아직도 현재 진행형이다. 소비자들은 이제는 점점 독특한 카페들을 찾고 있다. 직접 가 본 적도 있지만 성수동에 가면 대림창고나 인더매스(In the Mass)와 같이 낡은 공장 건물을 카페로 개조한 곳도 있고, 강화도 강화읍에 1937년에 만들어지고 1958년에 폐업한 조양방직의 적산 가옥 건물을 복원하여 커피 카페로 만든 곳도 있다.

> 커피 카페의 차별화 포인트가 커피 맛이 아니라 커피를 파는 공간에서 나왔다는 점은 기업이 생각하는 차별화와 고객이 받아들이는 차별화가 다르다는 점에서 시사하는 바가 크다.

하지만 스타벅스나 투썸플레이스 같은 대형 카페의 커피 가격은 상대적으로 고가로, 카페에 머물지 않는 고객이나 낮은 가격으로 커피를 구매하려는 고객을 만족시킬 수 없었다. 이 수요를 보고 들어온 저가 카페 체인도 있다. 이디야 커피가 그곳이다. 이디야 커피는 국내 최대 매장 수 3,000여 개(2023년 4월 기준)를 보유하고 있고, 커피 가격 역시 스타벅스의 절반 이하이다. 그렇다고 해서 스타벅스와 가격으로 경쟁하는 것이라고 볼 수 없다. 단지 낮은 가격이지만 좋은 품질의 커피를 선호하고, 커피 구매만을 원하는 고객 세그먼트를 타깃으로 하여 성공적으로 차별화했다고 봐야 한다. 이디야 커피는 공간이 주는 즐거움을 포기하고 가격을 낮춘 것이다. 그러나 커피 카페 시장의 변화는 아직도 진행 중이다. 이디야를 제치고 무서운 기세로 성장하는 메가커피가 있다.

메가커피는 2014년에 홍대 앞 매장으로 출발하여 7년째 아메리카노의 가격을 1,500원을 유지하고 있지만 2024년 5월 기준 3,000개의 매장을 출점하였고, 2023년 말 매출액 3,684억 원 영업 이익 694억 원(금융감독원 자료)으로 이디야 커피 대비 영업 이익을 7배 이상을 달성하였다. 메가커피가 가지고 있는 차별화는 무엇일까? 여러 가지가 있지만 눈에 띄는 것은 낮은 폐점률과 다양한 메뉴이다. 메가커피의 폐점률은 0.7%로 이디야 커피의 2.9% 폐점률(2021년 기준) 1/4 수준으로 알려져 있다. 낮은 폐점률은 통신 사업에서도 유통 대리점 관리에서 중요한 지표인데, 제대로 된 출점을 위한 입지(Location) 선택과 경영주에 대한 깐깐한 관리가 바탕이 되어야 한다. 또 다양한 메뉴를 개발하여, 커피 카페이지만 차(Tea), 에이드, 주스, 스무디, 라떼 등 지금까지 개발한 메뉴가 130여 개에 달하고 계절마다 새로운 메뉴를 내고 있다. 스무디가 들어간 메뉴의 가격은 4,000원대로 가맹점주 입장에서는 고가 상품이기 때문에 수익성도 높이고 자연스럽게 폐점률도 낮추는 결과를 가져오고 있다고 한다. 메가커피의 차별화 포인트는 이디야 커피보다 낮은 가격, 커피만을 고집하지 않고 차별화된 다양한 메뉴, 고객층과 선택의 폭을 넓혀 높인 가맹점주의 수익성에 있다.

앞으로의 세상은 차별화가 핵심 경쟁 수단이 될 것이다. 기업들도 가격 경쟁으로는 지속 가능하지 않다는 것을 과거 경험으로부터 충분히 배웠다. 가격 경쟁을 시도하는 기업이 있다고 하더라도, 상대방은 차별화를 통해 가격 경쟁을 무력화시키면서, 시장과 이익을 모두 지킬 수 있을 것이다.

차별화가 성공하려면 제품과 서비스의 기획 단계부터 무엇을, 어떻게 차별화시킬 것인지 고민해야 한다. 모든 것을 만들어놓고 차별화 포인트를 찾는

그렇게 되려면 기업 경영자가 늘 차별화를 강조하고 챙겨서, 기업의 DNA로 내재화시켜야 한다. 모두 다 예쁘거나 잘생겼다면 차림새가 눈에 띄는 세상이다.

연애에서 중요한 것은 내가 아니라 상대방이다

사업의 성공과 실패를 결정하는
고객 인식

누구에게나 첫사랑의 설렘이 있다. 꽃잎을 하나씩 떼면서, 나를 좋아할까? 아닐까? 물어보는 광고 장면을 기억할 것이다. 그렇다. 연애에서 중요한 것은 내 생각이 아니라 상대방의 생각이다. 데이트에 나가서 실패 확률이 높은 친구들의 공통점이 있다고 한다. 상대방의 심기를 살피는 것이 아니라 자신의 장점을 어필하는 데 집중을 한다고 한다. 내가 이리 멋진데, 내가 가진 능력이 이것인데 알아 달라는 식이다. 하지만 그녀가 나를 멋지게 봐주고, 그 남자가 나를 매력적으로 봐줄 때 성립하는 것이 연애이다.

> 사업도 마찬가지라 생각한다. 기업이 생각하기에 뛰어난 기능과 디자인 그리고 합리적인 가격으로 구성된 제품을 내놓아도, 고객에게 필요할 것이라

고, 효율성과 편리성을 극대화했다고 하는 서비스를 출시했다고 해도, 결국 은 고객이 어떻게 받아들이는가에 따라 성패가 결정된다. 목재용 못(기업 생 각하는 제품의 특성)이 아무리 뾰족해도, 못을 박을 벽(고객)이 콘크리트라면 박히지 않는 것과 마찬가지이다.

한때 가상 현실(Virtual Reality) 서비스에 대한 환상이 있었다. 눈앞에서 세계 최고 높이의 폭포를 감상할 수 있고, 아이돌 그룹의 공연을 콘서트홀 이 아닌 곳에서 생생히 볼 수 있는데 사업이 어찌 안 될 수 있겠느냐는 생 각들이 있었다. 구글도 VR 글래스를 멋지게 만들어 사업을 시작하려는 의 도를 드러냈고, 여러 기업들이 VR 기기와 서비스를 제공하려는 시도가 있 었다.

나 역시 2019년에 B2C 사업 부문장이 되어 VR 사업을 시작했다. 먼저 VR 헤드 디스플레이와 콘텐츠를 소싱하고 플랫폼을 만드는 등 선행 투자 를 하였고 드디어 서비스를 오픈했지만 결과는 참패였다. 비슷한 시기에 VR 사업을 했던 경쟁사도 마찬가지였다.

고객들이 호기심을 가지고 체험을 하려고는 했지만, 매달 돈을 내고 사 용을 하려고는 하지 않았다. 이유는 고객의 인식이었다. 눈에 끼고 보는 VR 기기가 답답하고 오래 쓰면 눈이 피곤했기 때문이다. VR 서비스의 신 기함보다 불편이 더 컸던 것이다. VR은 현재 교육 등 일부 영역에서만 활 용되고 있을 뿐 사용 방법의 불편함 때문에 대중화 가능성은 낮다는 것이 일반적인 평가이다. 새로운 기술의 등장과 이것이 유용하게 쓰일 것이라 는 사업 기획자의 생각이 아니라 고객들의 인식이 사업의 성패를 결정한 사례이다.

고객 인식 1등이
시장 점유율 1등 못지않게 중요하다

　　　　　　　　　1등 기업이 되면 사업을 하기 쉽다는 1등 프리미엄을 이야기한 바 있다. 그런데 1등 기업 역시 고객에게 1등으로 인정받는 게 중요하다. 글로벌 생활 가전 시장에서의 1등은 어느 기업일까? 삼성전자와 LG전자 간의 경쟁이 떠오를 것이다. 삼성전자의 경우 2016년 이후 미국 시장에서 1위 자리를 놓치지 않고 있다. 미국 소비자들의 취향과 라이프 스타일을 지속적으로 신제품에 반영하려는 노력을 통해 미국 시장에서 1등 위치를 지킬 수 있었다. 한편 2023년 1분기 생활 가전 시장을 보면 LG전자의 매출이 8조 217억 원이고 삼성전자의 생활 가전 매출은 6조 6,500억 원으로 LG전자가 1등 위치를 차지하고 있다.

　LG전자와 삼성전자의 생활 가전 사업 경쟁은 뿌리가 깊다. 여러 에피소드가 있지만 전통적으로 LG전자가 생활 가전만큼은 우위에 있었고, 삼성전자는 "패스트 팔로워" 전략을 가지고 LG전자를 따라 잡으려고 애를 써왔다. 하지만 삼성전자는 기술적인 노력뿐만 아니라 고객 인식 측면에서 우위를 만들기 위해 많은 노력을 해왔다. 지금은 많은 소비자들이 LG제품과 삼성 제품의 기술적 차이보다는 디자인 같은 고객 인식에 영향을 미치는 요소를 바탕으로 가전제품을 선택하고 있다는 생각이 든다. 고객 인식과 관련된 삼성전자의 노력에 관한 일화를 언론인에게 들은 적이 있다. 20여 년 전에는 삼성전자의 생활 가전제품은 전자레인지를 빼고는 모두 LG전자에 뒤지고 있었다고 한다. 기자 입장에서는 생활 가전에 관한 기사를 쓰면 당연히 "생활 가전 1등 LG전자"라는 표현을 쓸 수밖에 없었는데,

기사를 쓰고 나면 꼭 삼성전자 홍보실에서 연락이 와서 전자레인지는 우리가 1등이니 따로 써달라는 부탁을 해왔다고 한다. 물론 이후로 1등 제품이 많아지면서 고객 인식 속에서 LG전자의 모든 가전제품이 삼성보다 좋다는 인식은 점점 희박해져갔지만, 삼성이 고객의 인식을 바꾸려는 노력은 오래전부터 있어온 것이다. 삼성이 젊은 세대를 겨냥한 가전 라인업 "비스포크(BeSpoke)"는 파격적인 디자인을 바탕으로 공격적인 마케팅을 펼쳤고, 이는 젊은 세대의 인식을 바꿔놓은 성공적인 전략이었다. 현재는 오히려 LG 전자가 프리미엄 가전 시장에서는 고객 인식 측면에서 삼성에 뒤진 듯한 느낌도 있다. 가전은 반도체에 비하면 기술적인 차이가 그리 심한 분야가 아니다. 두 회사의 생활 가전 경쟁이 시사하는 바는, 기술적 격차가 크지 않거나 기술적으로 복잡하지 않은 경우 제품의 품질이나 기능보다는 어떻게 고객 인식을 사로잡을 것인가가 중요하다는 것이다.

통신 산업에서도 비슷한 경험이 있다. 이동 통신 사업을 포함한 전체 사업을 보면(IFRS, 연결기준) 2022년 KT 매출은 24조 9천억 원이고 SKT의 매출은 17조 3천억 원이었다. KT는 이동 통신 사업에서만 2위이지 인터넷, IPTV, 데이터 센터 등 대부분의 사업에서는 1등을 하고 있다. 하지만 고객들의 인식은 SKT가 1등이었다. 이것을 바꿔보려고 많은 노력을 하였다. 특히 언론에서 2등이라고 표현되는 경우가 많아 실상을 설명했지만 다음에는 이통 3사라는 표현이 쓰이면서 여전히 2등 사업자로 표현이 되고는 하였다. 그래서 생각한 것이 우리가 1등인 대부분의 사업을 앞세워 알리는 것이었다. 미디어 1등 사업자, 데이터 센터 1등 사업자, B2B 1등 사업자 같은 캐치프레이즈를 내걸었다. 다양한 범주를 제시하여, 이동 통신만을 기준으로 하는 고객 인식을 바꾸려 하였다. 이제는 KT에 대하여 고객들은 다양한 분야에서 1등을 하는 기업으로 인식하고 있다. 아래 표와 같이 KT의 기업 평판 조사를 담당하는 부서가 측정한 결과에 따르면 KT에 대한 고객들의 인식이 짧은 기간에 긍정적으로 바뀐 성과를 거둔 바 있다. 이 역시 해당 분야의 전문적인 역량을 가진 임직원들의 노력 덕분이었다.

분야	Top Of Mind 변화
인공지능	6위(21년1월, 6%) → 1위(22년9월, 31%)
빅데이터	7위(21년1월, 3%) → 3위(22년 9월, 16%)
클라우드	10위(21년1월, 1%) → 3위(22년 9월,10%)
로봇	3위(21년1월, 13%) → 1위(22년 9월, 20%)
미디어	5위(22년9월, 5%), 1위 Youtube

자사 제품을 1등이라고 이야기하는
임직원이 필요하다

"고객 인식 1등"이 되려면 어떻게 해야 할까? 앞서 이야기한 1등 기업, 1등 사업과 연결이 되어야 한다. 최소한 삼성전자의 전자레인지처럼 1등 사업이 있어야 한다. 내가 1등 사업이 없는데 고객 인식 1등을 주장하는 것은 사상누각과 같아 언젠가는 무너지고 만다. 내가 아는 핀테크 분야의 중견 그룹 CEO는 사업을 하는 두 가지 원칙이 있다고 한다. 첫째, "아무도 하지 않는 사업을 하라"이다. 이미 다른 기업이 하고 있는 사업 특히 경쟁이 강한 사업에는 안 들어간다. 그 분야에 들어가서

1등을 하기 어렵기 때문이고, 후발 주자로 들어갔을 때 1등이 되기 위한 과정이 험난하기 때문이다. 둘째, 내가 하고 있는 사업이 특정 분야에서 1등을 하도록 만들고 이것을 꾸준히 강조해서 고객들이 1등 서비스임을 알도록 하는 것이다. 그 기업에서는 ERP 솔루션을 판매했는데 알다시피 ERP 시장은 사업자가 매우 많고 경쟁도 치열하다. 하지만 이 기업은 On-Premise ERP는 1등을 만들고 시장에서 1등임을 꾸준히 알리는 전략으로 경쟁력을 더 높이고 있다. 이 기업의 전략이 시사하는 바가 크다.

> **"고객 인식 1등"이 되는 가장 좋은 전략은 기존에 존재하지 않는 사업 범주 (Business Category)를 만드는 것이다.**

예를 들면 스마트폰이라는 것은 과거에 존재한 바가 없다. 애플은 이 범주를 만들고 지켜서 현재 전 세계 시가 총액 1위 기업이 되어 있다. 의류를 관리하는 스타일러 역시 과거에는 없던 가전제품이다. LG전자가 만든 의류 스타일러는 LG전자의 1등 이미지를 강화하는 데 기여하고 있다. 문자 메시지를 무료로 제공하고, 단체 문자를 가능하게 한 카카오톡도 마찬가지로 전에 존재하지 않았던 서비스이다.

새로운 범주를 만들면 고객들에게 1등으로 인식될 가능성이 높다. 새로운 카테고리가 이미 해외에 존재한다면 국내에서 먼저 시작하는 것도 고객 인식에 우위를 갖는 방법이다. 해외의 유명한 식당이나 식음료를 들여오는 것에 관심을 기울이는 이유이다. 선점하면 경쟁자가 없기 때문에 당연히 1등이다. 하지만 1등을 지키기 위해서는 노력이 필요하다. 경쟁자들의 끊임없는 도전이 있고, 1등에서 밀려난 경우도 허다하다. "피자헛"이 대표적 경우이다. 우리나라에 처음 피자 브랜드로 들어와서 한때는 국내 피자 매장 시장 점유율 1위이었지만, 그 후 많은 경쟁 브랜드, 예를 들어 미스터 피자, 파파존스 등이 생기면서 "피자헛" 매장은 사라졌다. 하지만 장년층의 인식 속에는 피자하면 떠오르는 브랜드 중의 하나가 "피자헛"이다. 고객 인식 선점의 유효 기간은 현실 세계보다 길다는 생각이 든다.

고객 인식에서 우위를 만들기 위해서는 1등 사업에서 이야기했듯이 제품이나 서비스 속성 혹은 고객 세그먼트 중에서 1등인 것을 찾아내거나 만들어내야 한다. 근거가 있어야 하는 것이다. 그리고 그것을 광고나 홍보를 통해 꾸준히 어필해야 한다. 이 과정에서 중요한 것은 자기 회사의 임직원들이 스스로 1등이라고 말하는 것이다. 광고와 홍보만으로 충분하지 않다.

> 고객들을 만나는 임직원들이 자신들의 제품이나 서비스가 1등이라는 사실을 확신을 가지고 설득해야 한다. 해당 제품을 만드는 임직원이 1등이라고 이야기하지 않는 제품을 고객들이 어찌 인정하겠는가?

고객 인식 점유율은
미래의 시장 점유율

꾸준히 "고객 인식 1등"을 지키려면 어떻게 해야 하는가? 새로운 것들을 꾸준히 만들어내고, 이를 지속해서 알려야 한다. LG전자의 생활 가전이 근래 들어 고객 인식에서 여전히 우위에 있는 이유는 새로운 카테고리의 제품들 예를 들어 스타일러, 스팀 물걸레 기능이 들어간 무선 청소기와 같은 신제품과 오브제 컬렉션과 같은 프리미엄 생활 가전을 출시하고 고객과 끊임없이 소통한 결과로 보인다.

우리나라 패밀리 레스토랑 사례 역시 고객과의 소통의 중요성을 보여주고 있다. 1980년대 후반에서 90년대 초에 여러 해외 브랜드의 패밀리 레스토랑이 들어오기 시작했다. 코코스를 시작해서 베니건스, TGIF, 씨즐러, 마르쉐 등 익숙한 브랜드의 레스토랑이 오픈되었다. 당시 우리나라 경제가 발전하면서 고급 외식에 대한 수요가 늘어났고, 패밀리 레스토랑을 들여온 기업들도 공격적인 투자를 통해 점포를 확장시켜 나갔다. 하지만 2010년대 들어 정통 양식 즉 파인 다이닝을 지향하는 레스토랑이 증가함에 따라, 층고가 높은 비슷비슷한 인테리어와 고기 위주의 메뉴에 식상하면서, 급격하게 이용객이 줄고 많은 패밀리 레스토랑이 철수하였다. 지금 살아남은 레스토랑은 빕스, 아웃백 스테이크 하우스, 애슐리 정도가 있는데 이들의 공통된 특징은 국내 브랜드라는 것이다. 해외 브랜드는 고객들이 취향 변화에 맞추어 변화를 시도할 수 없는 상황이었고, 그나마 국내 브랜드는 식단의 구성이나 매장의 변경 등 차별화를 지속할 수 있어서, 생존할 수 있었다. 패밀리 레스토랑의 변천이 시사하는 바는 현재 시점에서 고객 인식이 아무리 좋아도 지속적으로 고객들과 소통할 제품이나 서비스를 만들어서 소통하지 않으면 뒤쳐질 수밖에 없다는 것이다.

KT의 CEO로 취임하고 가장 먼저 한 일은 "AI One Team"을 구성한 것이었다. 당시에는 AI가 아직은 구체적 형상이나 활용이 없었고 가능성만 있었던 시기였지만 AI가 세상을 바꿀 첨단 기술이라는 확신이 있었다. 이것을 KT에서 열심히 연구해서 사업에 활용하는 방법도 있지만 이왕이면

KT에 대한 고객 인식을 바꾸는 데에도 활용하자는 생각이 들었고, 기업, 대학, 연구소가 참여하는 "AI One Team"을 만드는 계기가 되었다. 이후 인공지능 기술이 계속 진화하면서, 다양한 활용 방안과 응용 서비스들이 나오면서, 인력 양성의 필요성도 제기되었다. 그만큼 스토리가 다양해진 것이었고, 이를 KT의 AI 역량과 연계하여 홍보하고 광고에 활용하면서, "KT가 AI 회사이다"라는 인식이 완전히 자리잡게 되었다. 그리고 KT가 첨단 분야인 인공지능에서 1등이라는 인식은 KT 자체에 대한 고객 인식을 바꾸는 데 크게 기여하였다.

 KT의 콘텐츠 사업 진출 역시 KT에 대한 고객 인식을 바꾸는 데 큰 역할을 하였다. 2021년 KT는 콘텐츠 제작 사업에 진출하기로 결정을 하고 "스튜디오 지니(Studio Genie)"라는 드라마 제작 회사를 설립하였다. 과거 KT는 두 차례 콘텐츠 사업에 진출하였다가 손해를 보고 철수를 한 경험이 있었기 때문에 2021년의 콘텐츠 사업 진출에 대해서도 반신반의하는 외부의 시각이 있었다. 하지만 과거와 달리 넷플릭스(Netflix)라는 글로벌 유통망이 존재하고, KT의 미디어 고객이 1,200만이었기 때문에 재무적으로 실패할 가능성이 낮았고, 무엇보다 고객을 지키기 위해서는 자체 제작 콘텐츠가 있어야 한다는 판단을 하였다. KT의 콘텐츠 사업 진출은 해당 사업만으로 평가해서는 안 된다. 콘텐츠를 통해, PP 사업이 활성화되고 KT의 미디어 플랫폼이 강화된다는 연관된 흐름으로 보아야 할 것이다. 실제로 2022년 방영된 〈이상한 변호사 우영우〉의 성공은 외부의 우려를 불식시키면서, KT에 대한 인식을 크게 바꾸었다. "KT는 공룡 같고 관료적이고 하드웨어 중심의 통신 회사인줄 알았는데, 저렇게 말랑말랑한 콘텐츠를 만들다니 회사가 바뀌었네"라는 이야기를 수없이 들으면서, 새로운 시도를 하지 않았다면 고객들의 인식을 바꿀 수 있는 기회조차 없었을 것이라는 생각은 지금도 변함이 없다.

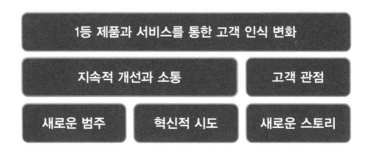

시장 점유율 1등보다 중요한 것은 고객 머릿속에서의 점유율 1등이다. 왜냐하면 "고객 인식은 미래의 시장 점유율"이기 때문이다. 고객 인식에서 우위를 가져가려면 실제 1등인 것이 있거나 만들어야 한다. 가장 좋은 방법은 새로운 범주를 만드는 것이다. 선점을 하는 것도 좋은 방법이다. 그리고 1등임을 꾸준히 알리고 특히 임직원들이 확신하고 설파해야 한다.

> 지속적으로 1등을 유지하는 과정의 핵심은 새로운 이야기를 지속적으로 만들어내는 것이다. 아무리 훌륭한 제품이나 서비스라도 시간이 지나면 낡은 것이 되기 때문이다.

연애도 마찬가지이다. 첫 만남의 달콤함은 곧 사라지는 것, 끊임없이 노력해야 상대방에게 인정받을 수 있다.

꿩을 잡아야 매, 쥐를 잡아야 고양이가 된다

등소평의 검은 고양이와 흰 고양이

우리 속담에 "꿩 잡는 것이 매다"라는 말이 있다. 꿩을 잡아야 매라 할 수 있다는 뜻으로 어떻든지 간에 결국은 목적을 이루어야 한다는 의미로 쓰인다. 자연에서 매가 살아가는 방법은 다른 동물을 사냥하는 것이다. 사냥에 실패하면 시속 300㎞의 속도로 날 수 있고, 인간보다 8배나 멀리 볼 수 있는 매도 결국은 살아남지 못한다.

마오쩌둥 사후 집권한 덩샤오핑이 중국의 개혁 개방을 시작하면서 내세운 흑묘백묘론(黑描白描論)도 같은 이야기다. 검은 고양이든 하얀 고양이든 쥐만 잘 잡으면 된다는 이 말은, 덩샤오핑이 1979년 미국을 방문하고 돌아온 후에 공산주의이든 자본주의이든 중국 인민을 잘살게 하면 상관없다고 이야기한 것이다.

> 경쟁에서 이기기 위해서, 우리 제품과 서비스를 차별화하고, 고객 인식 1등
> 을 만드는 과정에 대해 앞서 이야기한 바 있다. 하지만 결국은 고객의 구매나
> 이용으로 연결이 되고, 이를 통해 매출이 일어나야 한다.

매출이 일어나지 않는 차별화나 고객 인식 1등은 새를 잡지 못하는 매처럼 도태되거나, 쥐를 잡지 못하는 고양이처럼 역할을 하지 못하는 것이다. 고객이 경쟁사의 제품과 서비스가 아니라 우리 기업의 제품을 구매하고, 서비스를 이용하도록 하는 것이 경쟁의 핵심이다. 이 과정을 잘해내는 기업이 1등 기업이 되고 매출과 이익이 성장하고 지속 가능한 기업이 되는 것이다.

우리나라 대학에서 가르치지 않지만, 어느 회사에나 있는 영업 직무

우리나라 경영자 중에 마케팅 전문가들이 많다. 그들은 마케팅에 대한 생생한 경험과 반짝이는 아이디어를 가지고 있었고, 마케팅의 중요성을 늘 강조하고는 했었다. 대부분의 기업에서 마케팅을 중시하지만, 마케팅은 고객의 구매를 유도하기 위한 과정이고 영업을 위한 밑바탕이라는 것이 나의 생각이다. 경쟁이 최종적으로 일어나는 부분은 기업 입장에서는 제품과 서비스를 판매하는 과정과 고객 입장에서는 비용을 지불하고 제품을 구매하거나 서비스를 이용하는 과정이다. 이 과정을 "영업(Sales)"이라고 부르는데, 많은 기업에서 영업을 필수적인 기능

으로 여기면서도 영업에 대하여 체계적인 접근이나 투자를 하지 않는 경우가 종종 있다. 뿐만 아니라 세일즈맨 개인의 역량에 의존하는 경향이 있고, 심지어 누구나 할 수 있는 일로 여기기도 한다. 영업 직무에 대해서는 대표적으로 두 가지 편견이 있다. 하나는 영업을 잘하는 사람은 길러지는 것이 아니라 태어나는 것이고 그들에게 맡겨야 한다는 것이다. 다른 하나는 영업은 누구나 할 수 있는 것이니까 기획이나 연구 개발 직무에 비해 '요구 사항이나 자격 요건이 낮은 직무'라는 생각이다. 적성에 맞는 웬만한 사람들을 보내도 할 수 있다는 것이다.

과연 영업이라는 것이 우리 일상과 떨어져 있을까? 우리는 일상에서 "우리 스스로를 영업하고 있다"는 사실을 간과하고 있다. 오래된 데이터이기는 하나 사람들의 직무를 나누어보면 직접적으로 영업 직무에 종사하는 비율은 9명 중 1명이라고 한다. 하지만 기획이나 생산, R&D 직무에 종사하는 임직원들도 내부적으로 자신의 보고서를 상사에게 설득해야 하고, 동료나 부하에게 의견을 관철해야 하는 과정이 필요한데, 이를 자신을 영업하는 것(We Sale Ourselves Everyday)이라고 보면, 사람들은 약 40%의 시간을 물건을 팔지는 않지만 자신의 생각이나 결정을 영업하는 데 시간을 쓰고 있다고 한다. 달리 말하자면 많은 사람들이 타인을 움직이는 데 꽤 많은 시간을 쓰고 있고 어떤 사람들에게는 타인을 움직이는 것이 주요 업무이기도 하다.

《모든 것이 세일즈다》를 쓴 프레더릭 에크룬드는 스웨덴 출신으로 맨손으로 뉴욕으로 온 후에 단 2주 과정의 중개인 양성 프로그램을 듣고 부동산 중개를 시작한 첫해에 550억 원의 부동산을 중개하여 뉴욕 부동산위원회가 선정한 '올해의 신인'에 선정되기도 했다. 지금까지 2조 원 이상의 거래 실적을 올린 그 역시 인간은 누구나 무의식적으로 평생 세일즈를 해왔다고 말한다. 예컨대 호화로운 건물을 팔거나, 직장 내에서 새로운 아이디어를 내거나, 아이의 편식을 고치려고 하거나, 입사 면접을 보는 과정도 결국은 상대방에게 무언가를 설득하고 받아들이도록 하는 세일즈인 것이다. 내가 가진 것과 상대방이 가진 것을 교환하도록 설득할 때(우리 회사의 서비스를 이용하도록 하고, 이용 금액을 지불하도록 하는 과정이 그러하다) 우리는 세일즈를 하고 있는 것이다. 두 가지 사례는 영업이라는 것이 누구만 할 수 있거나 누구나 할 수 있는 일은 아니라는 것을 시사한다.

이제 영업에 대한 편견을 버리고 영업에 관한 이야기로 돌아가보자. 영업은 사람의 개입 정도에 따라 대면 영업과 비대면 영업으로 나누는데 대면 영업에서 가장 중요한 것은 영업 대표(Sales Men&Women)이다. 연말이 되면, 우리는 보험왕, 자동차 판매왕이 된 사람들의 기사를 언론에서 접한다. 그리고 영업으로 성공한 사람들의 비결을 읽으면서 대단한 노력과 타고난 사람들만이 할 수 있는 분야가 영업이라고 생각한다. 한편으로는 영업은 외향적인 사람은 누구나 할 수 있다고 생각하는 것이 일반적이다. 왜 이런 생각을 하는가? 우리나라에서는 영업을 체계적으로 가르치지 않기 때문이다. 선배를 보고 배우거나 독학을 해서 배우는 것이 영업이라고 생각하기 때문이다.

실제로 우리나라 대학에서는 영업을 가르치지 않는다. 미국의 경영대학 가운데 몇몇 대학에서 영업을 가르치지만 그 숫자는 마케팅에 비하면 그리 많지 않다. 미국 대학에서 가르치는 과목들은 우선 "판매 개론(Introduction to Selling)"을 시작으로 해서, 고객을 만나 판단하고 설득하고 고객의 반론을 잘 처리하고 판매로 연결시키는 "영업 기술(Sales Techniques)" 영업팀을 뽑고 훈련시키고 목표를 정하고, 영역을 조정하고 성과를 평가하는 등의 "영업 관리(Sales Management)", 고객의 구매 의사 결정을 이해하기 위해 "고객 행동론(Consumer Behavior)"이 있다. 또 구매자의 행동을 이해하고 상호 원원하는 성과를 내고, 협상 과정의 갈등을 관리하기 위한 "협상 방법론(Sales Negotiation)", 영업 성과를 예측하고 고객 관리를 위한 CRM등을 포함하는 "영업 분석(Sales Analytics)"이 있으며 이외에도 매력적인 발표 기술을 가르치고, SNS 등을 활용하는 방법 등을 포함하여 교과를 구성하고 있다. 아래 표는 미국 몇몇 대학의 영업 관련 전공 혹은 자격 프로그램 과정 사례이다.

기관	전공	과정
퍼듀대학교 Brian Lamb School	A Major in Selling and Sales Management	학위 과정
털레도대학교 University of Toledo	Bachelor of Business Administration (BBA) in Professional Sales	학위 과정
오클레어 위스콘신대학교 University of Wisconsin - Eau Claire	A Sales and Sales Management Major	학위 과정
웨버주립대학교 Weber State University	A Sales Certificate Program	비학위 과정
휴스톤대학교 University of Houston	A Sales Leadership Certificate Program	비학위 과정
노던일리노이 대학교 Northern Illinois University	College of Business: A Professional Sales Certificate Program	비학위 과정

가장 많은 사람이 종사하는 직무인데 우리나라 대학에서 가르치지 않는 직무가 영업이다. 그러다보니 영업을 개인의 역량에 의존하는 경우가 많다. 잘 파는 사람을 찾고 그 사람을 따라하는 식이다. 가장 중요한 것은 인적 역량이지만 그 역량을 타고난 것으로 여겨서는 사업을 키울 수가 없다. 보험왕이나 자동차 판매왕 한 두 사람 가지고 회사 전체의 매출을 일으킬 수 없기 때문이다.

개인 역량만으로는
성공할 수 없는 영업

일반적인 기업에서 가장 중요한 부서가 영업 부서이다. 물론 매우 기술 집약적이고 시장 점유율 1등이고 지배적 위치에 있다면, 영업보다는 기술 개발, 신제품 기획 같은 부서가 더 중요하다(삼성 전자의 메모리 반도체 사업이 그러한 예가 될 것이다). 하지만 경쟁이 심하고 제품의 차별화가 크지 않을수록 영업이 중요해진다. 영업 부서는 매출의 일차적 책임을 지고 있는 부서이고, 회사의 제품과 서비스를 가지고 고객을 만나고, 시장에서 회사의 위상을 결정짓는 부서이다.

사업의 규모가 커지고, 제품이나 서비스가 복잡해질수록 영업도 전략이 필요하고 관리 체계, 인력 육성 등의 정교한 체계가 필요해진다. 아마도 이런 체계를 잘 갖춘 산업이 우리나라의 통신 산업일 것이다. 우리나라 통신 산업은 치열하게 경쟁을 해왔다. 가입자 확보를 위한 비용으로 연간 수 조원을 집행하며, 복잡한 규제 환경과 다양한 유통 채널을 운영해왔기 때문이다. 영업도 전략이 필요하다. 예를 들어 기업이 가진 유통 채널이 도매 대리점, 소매 대리점, 직원 직접 판매, 제휴와 같은 특별 판매 등으로 다양하게 있을 때 어떤 유통 채널에 어느 정도의 재원을 투입할 것인가, 나아가 앞으로 어떤 유통 채널을 육성해서 주력 채널로 가져갈 것인가, 하는 전략이 있어야 하는 것이다. 최근 쌍용자동차를 인수한 KG그룹은 장기적으로 자동차 판매 채널을 기존의 대리점 체제에서 온라인 유통으로 넘어가려는 생각을 가지고 있다고 한다. 자동차 판매 시 딜러에게 지급하는 판매 보상금이 수입차의 경우 차량 가격의 1~1.5% 내외로 알려져 있는데, 흑자 유지가 시급한 KG모빌리티 입장에서는 어찌 보면 시도할 만한 영업 전략이라 할 수 있다.

영업 전략이 세워지면, 영업 채널을 구축하고 관리하는 체계가 있어야 한다. 통신 사업자의 경우는 지역별로 영업 관리 조직을 두고 대리점을 관리하는 매니저를 통해, 대리점을 새로이 신설하거나 폐점하고 수시로 변하는 영업 인센티브와 영업에 필요한 역량을 교육하면서 대리점을 관리 하고 있다. 여기에서도 중요한 것은 대리점주와 대리점에 근무하는 직원의 역량을 키우는 것이다. 동일한 영업 정책이나 인센티브를 제공해도 어떤 대리점은 성과가 좋고, 어떤 대리점은 성과가 나쁘다. 동일한 매장의 대리점주를 교체했을 뿐인데 성과가 달라지기도 한다. 인적 역량이 끼치는 영향이 큰 것이다.

> **"영업은 아무나 할 수 있는 것이 아니다. 타고난 것이다"라는 말에 답한다면, 개인적 차원에서는 그럴 수 있다. 그러나 기업 차원에서 많은 고객을 대상으로 크게 사업을 한다면 다르게 접근을 해야 한다.**

역량이 부족한 영업 인력을 교육과 훈련을 통해 우수한 인력으로 바꾸고, 지속적으로 성과를 낼 수 있도록 인센티브 체계도 마련하고, 경쟁 상황에 맞추어 재원을 배분하고, 유통 채널을 끊임없이 개선하는 노력이 이루어져야 한다. 이것이 대면 영업을 통한 경쟁 과정에서 기업이 챙겨야 할 일이고, 여기에서 승리해야 매출이 발생하는 것이다.

비대면 영업에서 가장 중요한 것은 데이터와 A/B 테스트

요즘은 구매의 많은 과정이 비대면으로 이루어진다. 홈쇼핑이나 PC상의 웹을 통한 거래에서 이제는 스마트폰 앱을 통한 모바일 커머스가 대세가 되고 있다. 많은 자영업자, 중소기업, 나아가 대기업까지 모바일 커머스를 장악하고 있는 네이버, 쿠팡, 마켓컬리 또는 자체의 모바일 플랫폼을 통해 영업을 하고 있다. 비대면 영업에서는 UI, UX 설계자나 프로그램 개발자의 역량이 중요하지만 인적 역량에 따른 편차가 대면 영업보다는 적다. 일단 앱이 만들어지거나 커머스 플랫폼에 입점하고 나면 운영 역량이 중요해진다. 비대면 영업에서 중요한 것은 많다. 소상공인은 리뷰가 중요하고, 쿠팡, 마켓컬리 같은 곳은 고객이 많이 몰리는 곳이므로 가격과 품질이 중요하며, 상거래 플랫폼을 제공하는 네이버는 검색이나 소비자 추천 상위를 받는 것, 주문 후속 처리를 매끄럽게 해주는 것이 중요하다. 자체 서비스를 시작하는 플랫폼은 서비스 품질, 구매자 확대가 가장 중요할 것이다. 각 기업이 처한 상황과 사업의 성격에 따

라 달라진다.

하지만 모든 분야에서 일관되게 필요로 하고 중요한 역할을 하는 것이 데이터와 데이터를 운영하는 역량이다. 비대면 구매는 많은 데이터를 남긴다. 로그인 장소, 시각, 구매 물품의 종류와 수량, 후기, 구매 시도 횟수, 최종 구매 여부, 관련 물품 구매 데이터가 쌓이게 된다. 이 데이터를 어찌 활용할 것이냐에 따라 비대면 세일즈의 성공과 실패가 좌우된다.

경영자로서 지속적으로 강조해온 것이 있다. A/B 테스트이다. 데이터가 확보되고, 데이터로부터 시사점을 발견하면, A안이 좋은지, B안이 좋은지 테스트를 하는것이다. 화면의 구성을 A안, B안으로 나누거나 제품의 배열 순서를 바꾸거나, 고객 제안 문구를 바꾸거나 하는 식의 A/B테스트를 하는 것이다. 이 과정을 통해 고객의 니즈와 행태를 발견할 수 있고, 구매 포기를 줄이거나 재구매율을 높이는 최적의 조합을 찾아낼 수 있기 때문이다.

A/B 테스트는 앱에서만 적용되는 것은 아니다. 전화를 이용하여 상담과

판매가 일어나는 콜센터도 마찬가지이다. 고객과 이야기하는 스크립트를 바꾸어 테스트하고 판매를 권유하는 순서를 바꾸는 테스트를 꾸준히 해서 최적의 조합을 찾아내는 것이 중요한데, 이 과정에서 데이터의 활용은 필수적이다.

아무리 훌륭한 제품도 신뢰를 잃으면, 고객을 잃게 된다

| 경쟁 과정은 선택과 집중의 과정이며, 신뢰를 쌓아가는 과정이다. |

고객이 최종적으로 우리 기업의 제품과 서비스를 선택하게 하려면 자원에 대한 선택과 집중이 필요하다. 영업이라고 하더라도 여러 요소가 있다. 이 가운데 중요한 것들을 찾아내 거기에 집중해야 한다. 대리점의 위치일 수도 있고, 영업 사원에 대한 인센티브일수도 있고, 영업 사원의 역량이 되기도 한다. 비대면 영업에서는 UI, UX의 편의성이나 클릭 횟수일수도 있다. 본질적인 측면에서는 판매 가격인지(가능한 나중에 검토하는 것이 바람직하지만) 제품의 품질인지도 판단하고, 여기에 자원을 집중해야 한다. 문제가 있다면 문제 해결에 집중해야 한다. 예를 들어 많은 기업들이 제품의 판매 가격을 내릴 것인지 영업 인센티브를 올릴 것인지를 놓고 고민한다. 물론 상황에 따라 정답은 다르다. 견딜 수 있다면 영업 인센티브를 올리는 것이 바람직하다. 적어도 가격 경쟁이 실시간으로 일어나고, 서비스의 품질 차이가 없는 이동 통신 사업에서는 그런 경험이 많았다.

경쟁 과정에서 고객의 신뢰를 잃지 않는 것이 중요하다. 경쟁을 하다보면, 상대방보다 하나라도 더 팔아야 한다는 압박을 받는다. 또 판매 인센티브가 높아지면 어떻게든 고객의 구매를 이끌어내려고 온갖 노력을 하게 된다. 이 과정에서 고객의 신뢰를 잃는 일을 하게 되는 경우가 종종 생긴다. 문제가 있는 제품을 판매하거나, 고객 정보를 위법적으로 이용하거나, 명확하게 알려야 할 사실을 알리지 않고 판매하거나, 고객이 모르는 서비스나 요금제에 가입하도록 하거나, 고객과의 약속을 지키지 못하는 경우이다. 당장은 실적이 올라가겠지만 결국은 고객을 잃는 것이다. 해당 고객만을 잃는 것이 아니라 구전(Word of Mouth)을 통해서, 또 언론을 통해서 다른 고객들도 잃게 된다. 대면 영업이나 비대면 영업 모두 정직하고 법규를 지켜야 하는 이유이다.

> **차별화를 통한 1등 제품과 서비스 그리고 고객 인식 1등을 만들기 위한 방법을 이야기한 바 있다. 하지만 결국은 우리 제품과 서비스가 고객 구매로 이어져야 한다. 이 과정을 책임지는 영업은 경영자가 가장 쉽고 빠르고 쓸 수 있는 뾰족한 무기이다.**

기술집약적인 B2B 기업을 제외하고 대부분의 기업에서는 영업과 영업조직 그리고 영업 인력이 기업이 성장하는 데 있어 핵심적 역할을 하고 있다. 그러나 경영자가 쓸 수 있는 뾰족한 무기 중에 제일 빠르게 육성하고 효과를 낼 수 있는 것이 영업임에도 불구하고 어떤 경영자들(특히 밑바닥부터 성장하지 않은 경영자)은 영업을 무시하는 경우가 많다.

실제로 모 회사의 사업 내용을 살피고 조언을 할 기회가 있었다. 그 회사는 새로운 제품을 만들어내려면 2~3년을 기다려야 하는 반면에 현재 제품을 파는 대리점이 한 지역에만 편중되어 있었고, 영업 인력의 비중이 5%에 불과했지만 지원 부서 인력이 30% 이상이었다. 당장의 매출과 이익을 위해서는 영업 인력의 증원과 대리점 커버리지 확장이 필요했지만, 오히려 영업 인력의 생산성을 언급하면서 부정적이었다. 30%를 넘는 지원 부서 인력을 영업 인력으로 교육시켜 배치하면 회사 내 프로세스도 간단해지고 어차피 나갈 인건비로 매출을 늘리는 것인데 참으로 답답했던 경험이 있다.

영업 역량을 키우기 위해서는 영업 인력의 능력이 아니라 회사 차원에서의 체계적인 접근이 필요하며, 경쟁 과정에서 고객의 신뢰를 잃지 않아야 한다. 경영자는 모든 구석구석을 살피는 역할이라는 점에서, 반드시 편한 자리가 아닌 것을 알아주었으면 한다.

이익을 내는 기업만이 살아남는다

PART

기업의 지속적인 성장을 숫자로 나타내면, 재무
제표상의 매출과 이익이 매년 늘어나는 것이다.
매출이 늘어나기 위한 좋은 바탕은 성장 산업에
속해 있는 것이고, 1등 사업을 가지고 있는 것이
다. 차별화된 제품과 서비스로 고객 인식에서 우
월한 지위를 차지하고 경쟁에서 우수한 영업력
으로 판매량을 늘리는 것이 우선이지만 판매 가
격 역시 중요한 요소이다. 기업의 가치와 경영자
의 성과는 결국은 이익으로 판단을 받는다. 이
익이 지속적으로 성장해야 투자자들에게 성과를
나눌 수 있고 새로운 시도도 할 수 있다. 이익이
성장하기 위해 반드시 짚고 넘어가야 하는 것이
비용이다. 비용은 느슨해서도 인색해서도 안 되
는 것이라서, 단순한 절감보다는 비용 구조를 바
꾸는 노력을 게을리하지 않아야 한다.

기업이
지속 가능하기 위한
조건들

매출, 비용, 이익으로 본
기업과 정부의 차이점

기업 경영은 비행기 조종과 같다. 목적지를 정하고 이륙한 후에 길이 없는 하늘에서 방향을 잡고 속도를 조절하여 목표 지점에 내리는 것이다. 조종사가 어떤 고도, 항로, 속도를 선택하는가에 따라 빨리 도착하기도 하고 늦게 도착하기도 한다. 정해진 길을 달리는 기차와 조종사가 원하는 대로 날아가는 비행기가 다르듯이 정부와 기업의 특성이 다르다. 정부나 공공 기관은 역할과 재원 조달 방법이 법으로 정해져 있지만 기업은 목표도 각자 다르며 무엇보다 직접 돈을 벌어야 한다는 것이 다르다.

예전에 정부에서 고위직을 하신 분을 경영진으로 모신 적이 있다. 그런데 12월이 되어 내년도 사업 계획을 보고하면, 늘 비용이 부풀려 있다고 화를 내고는 하였다. 처음에는 왜 그러는지 이해를 하지 못했는데 시간이 지나면서 이해가 되었다. 정부는 돈을 버는 조직이 아니라 돈을 쓰는 조직이 었기 때문에, 각 부처에서는 기재부나 국회에서 예산이 깎이는 것을 감안 해서 비용을 처음부터 부풀려 올리기 때문이었다. 그분의 경험으로는 당연히 기업에서도 그리 했을 것이라고 본 것이다. 하지만 기업에서는 들어 갈 돈(비용)은 벌어야 할 돈(매출)과 연결되어 있다. 예를 들어 통신사나 카드사의 경우 가입자를 모집하기 위한 확보 비용은 가입자 확보 목표와 연계되어 있어 줄이는 데 한계가 있다. 마찬가지로 제조 업체의 원자재 구매 비용, 유통 업체의 유통망 구축과 판매 인력 유지를 위한 비용 역시 매출과 연결되어 있다. 비용을 줄이면 매출은 따라서 줄도록 되어 있다는 것에 대한 본능적 이해가 어렵던 기억이 있다.

정부와 기업의 가장 큰 차이는 기업은 돈을 벌어야 하지만, 정부는 법령을 통해 정해진 세금을 국세청이나 지방자치기관이 징수하여 예산을 확보하는 것이다. 정부라는 오래된 역사와 역할에 맞추어 발전한 결과이다.

하지만 경영자 입장에서는 한없이 부러운 일이다. 왜냐하면 기업은 돈(매출)을 벌기 위해서는 먼저 투자(비용)를 해야 하고 생산 설비도 마련하고, 인력도 고용하고, 판매할 제품을 미리 생산해야 한다. 이렇게 준비를 해도 어떤 경우에는 돈을 벌지 못한다. 하지만 정부는 들어올 돈 즉 세입(매출)이 차이는 있지만 이미 정해져 있는 상황이고 이에 따라 쓸 돈, 즉 예산(비용)을 짠다. 비용과 매출의 순서도 다르고 이익을 내야 한다는 개념도 약하다(전 세계적으로 적자 재정에 대한 논의는 활발하지만 흑자 재정이라는 표현을 들어본 기억이 없다). 무엇보다 위험 부담을 지고 비용을 선 투입해야 매출이 일어난다는 개념이 정부에는 없는 것이다.

기업이 지속 가능하기 위한
적정 이익과 매출 성장

정부는 어떤 책임자가 오더라도 성과에 큰 차이가 생기기 어렵지만, 기업은 경영자 능력에 따라 흥하기도 하고 망하기도 하는 전혀 다른 결과가 나올 수 있다. 기업의 성과를 나타내는 가장 중요한 지표가 이익이고 기업 경영자는 누구나 매출, 비용 그리고 이익의 개념을 이해하고 있다.

기업은 이익을 내지 않고는 지속 가능하지 않다는 점은 모든 사람들이 동의를 한다. 하지만 이익을 얼마나 내야 하는 것에 대해서는 이견들이 있다. 특히 대기업이나 금융 같은 규제 산업에 속한 기업이 이익을 많이 내는 것에 대해 부정적인 견해들이 있다. 이익을 내기 위해 직원들에게 충분한 보상을 안 해주는 것 아닌가? 납품 단가를 후려쳐서 하청 업체를 힘들게 하는 것은 아닌가? 고객에게 비용 상승을 전가하는 것이 아닌가라는 질문들이 그것이다. 과연 이익을 많이 내는 것이 문제가 있는 것일까?

"적정 이익"이라는 개념이 있다. 회사가 지속 가능하기 위해서 내야만 하는 이익 수준이다.

교세라를 일궈낸 이나모리 가즈오 회장은 영업 이익률 10%를 내지 못하는 사업은 사업이 아니라고 했다. 그 정도를 내야 기업이 지속 가능하다고 본 것이다. 우리나라 기업들은 어느 수준의 영업 이익률을 내는가? 꾸준하게 30% 이상의 영업 이익률을 내는 네이버 같은 기업도 있지만 아쉽게도 우리나라 코스피 상장 기업의 영업 이익률은 5.6% 수준이다(2022년 코스피 상장사 총 매출 2,815조 원, 영업 이익 159조 원). 전체 평균이 5.6%라 하면 "적정 이익"을 내지 못하는 기업들이 많다는 것이고 이런 기업들은 언젠가는 사라질 것이다. 실제로 2022년 기준 코스피, 코스닥 상장 1,100개 중에 적자를 낸 기업이 346개 기업인데, 이 기업들이 계속해서 이익을 내지 못해 자기 자본을 까먹고 나면 문을 닫을 수밖에 없다. 기업이 지속되기 위해서는 "적정 이익"을 매년 내는 것이 반드시 필요하다.

교세라의 창업자인 이나모리 가즈오는 《왜 사업하는가?》라는 저서에서 기업 경영을 아주 단순한 원리로 접근했다고 한다.

> **"개발한 기술을 바탕으로 제품을 제작해 판매하고 매출을 올린다. 그리고 그 매출에서 사용한 비용을 뺀 금액이 이익이다."**

그는 채소 가게 장사의 원리가 기업 경영과 본질적으로 다르지 않다고 생각했고, 이익이라는 것은 매출에서 비용을 뺀 결과에 불과하기 때문에 경영자는 이익의 과정, 즉 매출을 최대화하고 비용을 최소화하려는 데 온 힘을 집중하면 자연히 이익은 따라붙게 될 것이라고 강조한다. 교세라는 창업 이후부터 계속해서 '최대의 매출, 최소의 비용'이라는 목표를 실현하기 위해 조직 및 경영 시스템을 개선해왔다고 한다. 군이 경영의 신이 아니더라도 모든 경영자는 자신이 경영하는 기업을 지속 발전시키려면 판매 매출, 쓰는 비용 그리고 이익에 대해 분명한 철학을 가져야 한다.

> **매출은 기업이 생존하는 데 필요한 제1의 조건이다. 매출이 없는 기업은 사라질 수밖에 없다. 아무도 관심이 없고 사주지 않는 제품과 서비스를 자원을 투입해 만들어내고 있기 때문이다.**

기업을 경영하는 것은 집에서 먹을 야채를 텃밭에서 키우는 일과는 차원이 다르다(텃밭 농사는 대개 사먹는 것보다 원가가 비싸게 들고, 먹을 사람이 정해져 있다).

매출이 일어난다는 것은 고객이 경험하는 가치가 고객이 지불하는 가격(기업 입장에서는 판매 가격이다)보다 높기 때문이다. 한편으로 이익은 기업이 생산 원가보다 높은 가치를 만들어냈다는 증거이다. 판매 가격은 단순히 기업이 만들어낸 제품의 원가에 적정 마진을 붙인 것이 아니고 고객에 대한 깊은 이해를 바탕으로 나온 것이다. 제조업 마인드로만 판매 가격을 이해하면 안 된다. 단적인 사례로 샤넬, 구찌, 롤렉스, 티파니 등의 브랜드로 대표되는 명품 시장은 적정 마진이라는 것이 적용되지 않는 시장이다. 1년에 두어 차례 가격을 올려도 한국의 명품 시장은 물건이 없어서 못 팔 지경이라고 한다. 우리나라의 소득 수준, 고객들의 심리, 명품의 중고 거래 가격 등을 냉철히 분석한 결과라고 봐야 한다.

> **매출이 발생하는 것이 기업 경영의 출발이나 또 하나 중요한 점은 매출은 매년 성장해야 한다는 것이다.**

기업 생존 조건

성장을 해야 이익을 더 낼 여지도 생기고, 다른 사업으로 확장도 하고 여러 전략과 계획을 시도할 여지가 있기 때문이다. 뒤에 이야기하겠지만 매출이 성장하지 않으면 비용 상승분을 감당할 수 없기 때문에 이익도 점점 감소하고, 결과적으로 기업이 살아남기가 어려워지는 것이다.

비용,
느슨해도 인색해도 안 되는 숫자

비용은 늘 절감의 대상으로 거론되어왔다. 많은 경영자들이 원가 요인이 상승하여도 매년 원가 상승 요인보다 낮게 원가를 관리했다는 보고를 받고는 한다. 비용을 줄이는 것은 꼭 해야 할 일이다. 하지만 비용은 어떤 기업에게는 매출이 된다. 인건비는 기업 입장에서는 비용이지만 임직원들 입장에서는 자신의 노력에 대한 보상이고 미래의 희망이 되는 것이다. 기업이 속한 생태계 내의 돈의 흐름과 의미를 이해한다면 비용 절감을 위해 일방의 이익만을 주장해서는 안 된다. 대책 없이 하청 업체를 불러 10% 납품 단가 인하를 요구하면 안 되는 것이다. 뒤에서도 다루겠지만 비용은 절감이 아니라 구조를 바꾸어야 하는 대상이다. 하청 업체와 머리를 맞대고 의논해서 공법도 바꾸고, 설계도 바꾸고, 자동화 투자도 하는 식으로 호흡을 길게 가지고 비용 구조를 바꾸어야 원청 업체도 살고 하청 업체도 사는 것이다. 전체 생태계를 고민해야 하는 것이 경영자가 할 일이다.

인건비 역시 마찬가지이다. 임직원의 인건비 인상에 인색해서도 안 된다. 이걸 비용으로만 볼 것이 아니라 직원들과 함께 경영을 해나가는 과정으로 이해해야 한다. 왜 올해는 이렇게 인상을 적게 할 수밖에 없는지, 인건비에 대한 앞으로의 목표와 계획에 대해 경영진이 가지고 있는 생각은 무엇인지 직원들과 같이 논의한다면 인건비는 단순히 비용이 아니라, 직원들이 회사를 이해하고 눈높이를 맞추는 효과적 소통의 수단이 될 수 있는 것이다.

비용은 매년 상승한다. 물가 상승으로 원재료나 설비 가격이 오르고, 직원들의 연령 증가에 따른 인건비 상승도 작용을 한다. 정부가 정하는 최저 임금과 같이 규제로 인한 비용도 상승한다. 상승된 비용은 누적 효과가 있다. 매년 3%의 비용 상승이 아무렇지 않은 것 같지만 5년이 지나면 누적으로 16%의 비용이 올라간다. 만약 10%의 영업 이익률을 내는 기업이 매출이 증가하지 않는다면 3%의 비용 상승 4년차에는 적자 기업이 되고 만다. 비용 상승이 불가피하다면, 반드시 매출이 동반 성장하고, 영업 이익률도 개선되는 경영을 해야 한다. 그러지 않은 기업은 사라지고 만다. 특히 인건비와 같이 한 번 올라가면 내려가기 어려운 하방 경직성이 강한 비용은 주의를 해야 하는 이유이다. 올해 경영 실적이 좋다고 기본급을 올리면 두고두고 영향을 끼치게 되는 것이다.

> 비용은 인색해도 안 되지만 느슨해도 안 된다. 하지만 비용 통제만으로는 좋은 성과를 얻을 수 없다. 가장 바람직한 것은 매년 매출 성장분이 비용 상승분을 넘어서서 결과적으로 매년 이익률이 지속 개선되는 것이다.

이익: 기업 경영의 최종 지표, 결국 이익을 내야 살아남는다

이익은 기업 경영에서 가장 아름다운 부분이다. 주주 배당이 신경 쓰이지 않는 작은 기업은 당기순이익이 100억이 넘으면 경영자의 마음이 푸근해진다. 세금과 은행이자까지 내고 100억 원이 남는다면 여유가 생길 수밖에 없다. 매출이 "고객이 우리 제품이나 서비스를 얼마나 선호하는지"를 알려주는 것이라면, 이익은 "경영자가 얼마나 경영을 잘하는지"를 알려주고, 나아가 기업이 지속 가능할지를 알려주는 지표이다. 당연한 이야기이지만 이익이 나지 않는 기업은 결국은 생존이 불가능하다. 이익을 낼 수 있는가를 알려면 내가 운영하는 사업의 비즈니스 모델(BM, Business Model)을 살펴봐야 한다.

일반적인 BM은 판매량이 늘면(인터넷 기업의 경우는 다운로드 수 혹은 방문

트래픽이 판매량이고, 통신 사업은 가입자가 판매량이다) 투입된 비용을 따라잡기 시작해서 일정 수준의 판매량을 넘어서면 이익이 나기 시작한다. 규모의 경제라는 것으로 설명되는 BM이다. 하지만 어떤 BM은 판매량이 늘어 매출이 올라가도 여전히 매출보다 높은 선상에서 비용도 동일하게 증가하는 BM도 존재한다. 이런 BM이 금방 사라질 것 같지만 외부 투자(Capital Injection)를 통해 버티는 경우가 종종 있다. 쿠팡이 대표적인 경우였다. 쿠팡은 지난 몇 년 동안 엄청난 적자를 내면서 물류 센터에 대한 투자를 지속해왔고 과연 흑자를 낼 수 있는 BM을 가지고 있는가라는 논쟁이 많았던 기업이었다. 소프트뱅크의 투자를 바탕으로 수년을 버틸 수 있었고 최근에는 흑자를 내기 시작했다. 하지만 많은 벤처 기업들이 투자를 바탕으로 2~3년을 버텼지만 BM 자체의 문제인지, 흑자 전환 기간의 문제인지 모르지만 사라졌다. 아무리 투자를 많이 받고, 좋은 BM을 가졌다고 하더라도 이익을 내지 못하는 기업은 결국은 생존할 수 없다. 특히 상장이 되는 순간 더 이상 투자를 받기가 어려워지기 때문에 결국은 이익 창출 능력으로 평가를 받게 된다. 기술 특례 상장으로 상장된 바이오 기업들의 주가가 폭락하거나 상장 폐지되는 이유도 이익을 내지 못하기 때문이다. 카카오뱅크가 그 가능성으로 시중의 금융지주 시가 총액보다 컸던 적이 있지만 지금은 냉정하게 이익의 규모로 평가받는 것도 그런 맥락이다.

> 기업의 가장 중요한 목표는 지속 가능한 적정 이익을 매년 내는 것이다. 그렇게 해야 지속적으로 투자를 하고, 임직원을 고용하며, 고객에게 필요한 가치를 제공할 수 있다.

일시적으로 성장 기반을 마련하기 위해 적자를 내면서 매출을 늘리는 전략을 쓸 수도 있다. 하지만 이런 전략을 지속해서 쓸 수는 없다. 비행기 조종사의 목표는 도착지에 착륙하는 것이지 하늘에 계속 머무는 것이 아니다. 기업의 목표도 마찬가지이다. 결국은 이익을 내야 기업이 살아남는 것이다.

1등칸 있는 열차의 매출은 2등칸만 있는 열차보다 높다

매출 성장 신화를 가진 기업들

애플은 2001년에 아이팟(iPod)을 개발하여 시장에 출시하면서 음악 시장을 혁신하였다. 기존의 카세트-CD와 달리 이용자가 음악을 선택하여 편집할 수 있는 기능을 제공하면서 음악을 즐기는 방법에 변화를 가져왔고 선풍적인 인기를 일으켰다. 이를 바탕으로 2007년 아이폰을 출시하면서 스마트폰이라는 범주를 만들고 15년 뒤인 2023년에 500조 원의 매출을 올리고, 2024년 시가 총액 4,000조 원을 넘나들고 있다. 넷플릭스는 1987년에 미국 캘리포니아에서 DVD를 우편으로 대여해 주는 사업을 시작한지 25년이 지난 2023년 말 기준으로 약 46조 원의 매출을 올리고 2024년에는 360조 원의 시가 총액을 넘나들고 있다. 넷플릭스는 온라인 스트리밍을 통한 콘텐츠 제공 사업으로 확장했지만 지금과 같은 독보적 지위를 구축한 것은 오리지널 콘텐츠를 확보하면서 기존의 케이블

TV 시장과 영화 대여 사업을 파괴적으로 혁신시킨 결과이다.

　넷플릭스의 설립자인 존 헤이팅스를 만난 적이 있다. 넷플릭스의 경쟁 우위에 대해서 오리지널 콘텐츠 못지않게 IT 개발력을 꼽았던 것이 인상 깊었다. 아마존은 온라인 책방으로 시작했지만 사업 영역을 온라인 커머스로 확장하였다. 아마존은 고객 서비스, 빠른 배송, 그리고 경쟁적인 가격을 바탕으로 무섭게 이커머스 시장을 평정하였다. 이 과정에서 축적된 IT기술과 경험을 바탕으로 AWS라는 브랜드의 클라우드 사업자로 발전하여 전 세계 클라우드 시장을 장악하고, 2024년 2,000조 원의 시가 총액을 넘나들고 있다. 테슬라는 모두 전기차의 한계를 언급하고 있을 때 멋진 디자인과 고성능의 상용 수준의 전기차를 생산 판매하면서 자동차 산업이 전기차로 넘어가는 모멘텀을 만들어내었다. 최근에는 현대자동차, 벤츠, 아우디 등 기존의 자동차 업계와 경쟁하면서 새로운 국면을 맞이하고 있지만, 2023년 말 기준 130조 원 규모의 매출에 2024년 1,900조 원 시가 총액을 넘나들고 있다.(여기에 언급된 시가 총액은 특정 시점의 숫자이다.)

　이들 기업의 공통점은 기존 산업을 파괴적으로 혁신하였다는 점에 있다. 기존 산업 내에서 전통적으로 통용되던 경쟁 방식이나 생산 방법, 기술을 사용하지 않고 새로운 방식으로 효율성을 높이고 고객의 필요를 공략하여 기존 플레이어들을 파괴하면서 혁신을 이루었다. 너무나 유명한 케이스이고 대학의 경영학 강의에서 늘 다루는 내용이다. 물론 한국에도 파괴적 혁신으로 매출이 폭발적으로 성장한 몇몇 기업들이 존재한다. 인터넷과 스마트폰이 보급되던 시기의 변화를 잘 포착하여 기존 산업을 파괴적으로 혁신하거나 새로운 범주를 만든 네이버, 카카오, 쿠팡, 마켓컬리 같은 기업들이다.

대부분 기업들의 현실:
매출을 위해 오늘도 뛴다

하지만 대부분의 기업의 상황과 현실은 180도 다르다. 아주 예외적인 경우를 제외하고 모든 기업은 매출을 올리기 위해 오프라인 영업 조직을 가동하고, 대리점을 구축하고, 오늘도 주요 고객을 만나 저녁을 먹는다. 온라인 유통이 주요한 채널로 자리 잡음에 따라 온라인 판매와 광고의 효과적인 방법을 고민하고, 해시태그 변경, 고객 리뷰 분석과 대응, 검색 순위 올리기 등 피나는 노력을 하고 있다. 파괴적 혁신으로 성공하는 기업은 손에 꼽을 만한, 그들만의 세상이고 현실은 여전히 팍팍한 것이다.

매출을 계산하는 식은 어느 산업이나 같다. "매출＝판매량×판매가"이다.

물론 사업에 따라 조금씩 표현이 다르기는 하다. 이동 통신 사업의 매출은 "가입자 수×1인당 평균 요금"이고, 네이버나 유튜브의 광고 사업 매출은 "광고 판매량×광고 단가"이다. 은행 대출 사업은 "대출 건수×대출 이자"로 계산된다.

매출에 대해서는 각 기업마다 너무나 많은 성공과 실패 사례가 있고, 또한 마케팅이나 영업 전문가들이 많으며, 충분한 경험을 가진 경영자가 많기 때문에 매출에 대한 이야기는 전문성이나 시사점 측면에서 뒤떨어질 것이다. 이번 장에서는 매출에 대한 책임을 누가 질 것인가라는 것과 판매가 결정에 대해서만 언급하고자 한다.

매출의 일차적 책임과
최종 책임

매출은 영업 부서의 책임이라고 생각하는 경영자들이 꽤 많다. 회사마다 다르지만 어떤 회사는 "판매량×판매 단가"까지 영업 부서의 책임과 권한으로 하고 있고, 어떤 회사는 "판매량"을 영업 부서의 책임으로 하기도 한다. 이 경우 "판매 단가"는 제품이나 서비스를 기획하는 조직, 회사의 재무 조직 또는 작은 회사의 경우 대표이사 권한으로 하고 있다.

영업 부서 입장에서 보면, 가장 큰 목표는 매출을 늘리는 것이다. 이 목표를 달성하는 방법은 판매량을 늘리거나, 판매가를 높이는 것인데, 판매가를 높이면 판매량을 늘리는 데 어려움이 생긴다. 따라서 영업 부서는 판매량을 늘리는 데 우선 집중할 수밖에 없고, 영업 활동의 우선적 목표가 판매량 중심으로 정해지게 된다. 목표 달성을 위해 지역별 혹은 채널별 판매 목표를 할당하고, 영업 채널에 판매 인센티브를 정해서 알려주고, 영업사원들을 훈련시켜 영업 활동을 벌이는 것이 일반적인 영업의 프로세스이다. 영업의 결과 회사에서 정한 목표 또는 그 이상의 숫자를 달성하게 되면 경영진이나 영업 부서 등 모든 조직이 만족하게 된다.

목표를 달성하지 못할 경우는 영업 부서의 책임 문제가 등장하게 되는데 매출을 단순히 영업 부서만의 책임으로 여기는 것은 바람직하지 않다. 물론 일차적인 책임은 영업 부서에 있지만 이차적인 책임은 모든 부서에 있다는 점과 최종 책임은 대표이사에게 있다는 점을 잊어서는 안 된다. 영업 부서가 매출을 책임지고 있다고 하지만 그들이 책임지고 있는 것은 일차적으로는 판매량이다. 판매 단가 결정에 영향력을 발휘할 수 있다 하더라도 이미 만들어진 제품을 판다는 점에서 어찌 보면 원가 경쟁력은 그들의 책임이 아닌 것이다. 영업 부서가 말하는 매출 부진 사유 중에 "우리 제품의 가격 경쟁력이 없다"는 말이 늘 있는 이유이다.

영업 부서에 매출 목표 달성을 강하게 압박하면 어떤 일이 벌어질까? 영업 부서의 많은 지표가 판매량 중심으로 되어 있기 때문에 판매량을 늘리기 위한 여러 방안이 제시된다. 만약 판매 단가를 조정할 수 있는 권한이 있는 경우, 우선 생각할 수 있는 것이 할인 판매이다. 판매량은 대폭 늘겠지만 매출은 소폭 증가하여 영업 부서의 체면은 살리게 되지만 회사 전체로서는 이익이 감소되는 결과를 가져올 수도 있다. 판매 단가를 조정할 수 없는 경우에는 대리점에 밀어내기를 하여 최종 판매는 일어나지 않았지만 영업 부서 입장에서는 판매 목표를 채우기도 한다. 가입과 해지가 일어나는 사업의 경우 해지를 늦추는 방식으로 판매 목표를 채우기도 한다. 하지만 실제 고객에게 판매되어 소비되는 것이 아니므로 실체는 드러나고, 영업에 들어간 비용만 늘어나는 결과를 가져오게 된다. 이와 같이 영업 조직의 성과를 위해 회사 이익이 훼손되는 상황이 되면, 재무 부서와 영업 부서는 당연히 갈등 관계가 심해지고 대표이사의 골치가 아파오는 것이다.

매출을 늘리기 위해서는 영업 부서에게 판매량만 늘리도록 압박만 할 것이 아니라, 고객이 원하는 바를 파악하는 중요한 활동 목표를 주어야 한다. 어떤 고객 세그먼트가 우리 제품이나 서비스를 얼마나 구매하거나 사용하는지와 같은 기초적인 조사도 필요하지만, 영업 부서는 고객과 만나는 접점이므로 고객이 원하는 것, 불편하게 생각하는 것을 파악하는 일이 더 중요하다. 많은 수의 고객을 대상으로 하는 설문 조사보다 소수의 고객에 대한 관찰 조사가 훨씬 유용하고 진실을 알려줄 가능성이 높다. 이렇게 파악된 내용은 제품을 기획하는 부서, 생산하는 부서, 마케팅 부서 그리고 재무 부서와도 공유가 되어야 한다. 공유의 중심에는 대표이사가 있어야 하고, 고객이 원하는 바를 해결하기 위해 제품이나 서비스의 수정, 새로운 개발, 인력 재배치, 재무적인 재조정들이 이루어져야 한다.

KT에서는 이런 과정을 위해 "고객발 자기혁신"이라는 프로그램을 운용한 바 있다. 일반적으로 혁신은 톱다운 방식으로 진행된다. 혁신 담당 부서가 정하고 이를 실무 부서들이 수행하는 방식이다. 이렇게 되면 결국은 실행보다는 실적을 만드는 식으로 흘러갈 가능성이 높다. 아래로부터의 혁신, 실질적인 변화를 만들기 위해, 고객으로부터 출발하는 혁신 프로그램을 만들었고, 처음에는 고객의 불편을 해소하는 것에 중점을 두었지만 시간이 지나면서 매출을 늘리는 쪽으로 진화되었고 새로운 상품을 만들어내는 계기가 되기도 하였다.

코로나가 한창인 시절 공공 시설이나 식당에 가면 출입 시에 방문 등록을 해야 했다. 방명록에 이름과 연락처를 기입해야 했는데 이것이 영 불편했고, 개인 정보의 유출, 거짓 기록 등 부작용도 많았다. 이것을 개선해서 나온 것이 카카오에서 만든 QR 코드 체크인이다. 개인 정보 유출 등의 부작용을 줄이기는 했지만 여전히 스마트폰 사용이 서툰 사람들에게는 불편한 것이었다.

　이런 고객 불편을 눈여겨본 KT 용인 지사의 직원이 전화를 걸면 상대방의 전화번호에 수신 기록이 남는다는 점에 착안하여, 특정 번호로 시작되는 "콜 체크인" 서비스를 제안하였다. 이 제안은 신속하게 기술 부서에 넘겨져서 각 지자체뿐만 아니라 식당에서 사용할 수 있는 형태로 만들어지고 080뿐만 아니라 14XXXX번호도 확보되어 21년도에 서비스가 제공되었다. 특히 야구장 같이 한꺼번에 많은 사람들이 몰리는 경우에 매우 유용하게 사용됐다. 짧은 기간이었지만 코로나로 인한 규제가 완화되는 시점까지 약 50억 원의 매출을 올렸고, KT 내의 "고객발 자기 혁신"의 출발점이 되었다.

> 판매량은 고객이 원하는 바를 반영한다. 판매가 증가하지 않는다면 고객이 원하는 바를 제공하지 못하거나 불편이 존재하는 것이다. 이를 고치기 위해서는 회사 내의 모든 부서가 동원되어야 하는데 이는 경영진의 몫이다.

판매 가격 설정,
원가보다 고객을 이해하라

　　　　　　　　많은 사람들이 간과하는 것이 판매 가격 설정이다. 판매 가격 결정에 가장 큰 기초는 원가이지만 판매 가격은 원가뿐만 아니라 고객에 대한 이해를 바탕으로 정해져야 한다. 고객이 어찌 받아들이는가가 중요한 요소이다. 헤르만 지몬 저서 《프라이싱》에는 독일의 철도 회사에서 적자 노선을 짧은 기간 안에 흑자 노선으로 바꾼 사례가 나와 있다. 이용자 수가 늘어난 것도 아닌데 말이다. 새로운 경영진이 고안한 방법은 멤버십이었다. 1년 동안 할인된 가격으로 기차를 이용할 수 있는 유료 멤버십을 만들어 판매한 것이다. 멤버십이 경제적으로 이익이 되려면 멤버십을 구입한 고객은 1년에 일정 횟수 이상 기차를 이용하여야 한다. 실제로는 그 숫자만큼 이용하지 않는 고객들이 있었지만 고객들의 만족도는 높아졌다. 실제 이용이 아니라 이용할 가능성에 만족을 한 것이다. 철도 회사의 입장에서는 고객의 이용 횟수가 늘어나도 비용이 비례해서 상승하지 않는다. 객차를 하나만 더 달면 되기 때문이다. 고정 비용이 높고 변동 비용이 낮은 비용 구조와 고객들의 심리를 이해한 판매 가격 책정이 짧은 기간 안에 적자 노선을 흑자 노선으로 바꾼 것이다.

위와 유사한 구조인 "기본료＋이용료" 형태의 요금 구조는 지금도 많은 서비스에서 적용하고 있다. 집에 사용하는 유선 전화의 경우에도 기본 요금이 있다. 전화를 사용하지 않아도 발생하는 인프라 투자를 위해 기본료를 내는 형태였지만, 나중에는 일정량의 시내 전화를 무료로 제공하면서 기본료를 받는 형태로 바뀌었다. 기업 입장에서는 안정적인 투자 재원을 확보하기 위한 것이지만, 앞서 언급한 유료 멤버십과는 다르게 기본료 지불에 따른 이용 혜택을 어필하기 어려웠기 때문에 집 전화 기본료는 논란의 대상이 되고는 했었다. 구조는 유사했지만 고객들을 심리적으로 만족시키는 데 실패한 경우다.

다시 철도로 돌아가자. 1등 칸이 있는 노선의 매출은 2등 칸만 있는 노선의 매출보다 높다. 철도의 비용 구조는 고정 비용이 높은 구조이다. 고객이 적든 많든지 정해진 시간에 기차는 운행된다. 만일 고객 수가 정해져 있다고 할 적에, 1등 칸을 운영한다면 어떨까? 1등 칸을 운영하는 비용보다 높은 판매가를 설정하면 이익은 더 증가하게 된다. 물론 1등 칸을 이용하는 고객이 존재한다는 가정하에서 말이다. 1등 칸을 이용할 의향이 있는 고객이 존재한다면 1등 칸을 운영하는 기차는 당연히 2등 칸만 있는 기차보다 매출이 높을 수밖에 없다. 우리 주변에 보면, 1등 칸과 같은 프리미엄 서비스가 일반화되어 있다. 중국요리집의 특짜장—보통 짜장부터, 항공기의 1등석—비즈니스석—이코노미석, 신문사의 프리미엄 온라인 구독, 유료 TV의 프리미엄 채널, 은행의 우대 금리, 영화관의 고급 좌석, 백화점의 MVG 등이 그것이다. 제공 서비스를 차별화하고 판매 가격을 달리해서 고객들의 만족도를 높이고, 아울러 매출을 높이기 위한 방안이다. 고객들 입장에서도 프리미엄 서비스의 존재는 가격을 더 많이 지불하고라도 더 좋은 서비스를 누리고 싶은 고객을 위한 선택권이 생긴다는 점에서 바람직하다.

판매가 설정에 고객들의 심리를 활용하는 방안도 있다. 소위 말하는 준거 가격(Reference Price) 설정이다. 판매자가 받고 싶어 하는 가격이 있다. 예를 들어 10만 원을 받고 싶을 때 어떻게 할 것인가? 효과적인 방법 중 하나로 12만 원짜리 프리미엄 서비스를 만들고 실용적인 10만 원짜리 그리고 도저히 선택하기 어려운 8만 원짜리 서비스를 만들어 고객에게 제시하면 고객은 어떤 선택을 하게 될까? 아마 일부는 12만 원 프리미엄 서비스를 선택하고 대부분은 10만 원 서비스를 선택할 것이다. 8만 원짜리를 선택하는 사람은 거의 없을 것이다. 준거 가격으로 12만 원을 설정함에 따라 고객들의 위험 회피 심리가 작용한 결과이다. 자동차를 구매할 때, 옵션에 따른 가격을 살펴보면 위 사례가 정확히 적용되고 있음을 알 수 있을 것이다. 낮은 가격에서는 차마 선택하기 어려운 옵션이 존재한다(과거에는 낮은 옵션은 에어컨이 없던 적도 있었다). 그리고 최고 사양의 옵션을 선택하면 아예 상위 차종으로 넘어가는 것이 유리한 것이 아닌가는 생각이 들 정도로 가격이 설정되어 있음을 누구나 느꼈을 것이다. 모닝을 사러 갔다가 그랜저를 계약하고 온다는 우스개 소리가 그냥 생긴 것이 아니다.

판매 가격은 단순히 생산 원가에 적정 이윤을 붙여서 결정하면 안 된다. 고객들의 니즈와 심리를 이해하고 다양한 가격 구조와 지불 방법을 고민하여 결정해야 한다. 기업은 더 높은 이익을, 고객은 더 만족하는 판매 가격이 존재할 수 있다. 원가를 개선하려는 노력을 게을리하지 않아야 함은 물론이다.

결론이다. 판매량 혹은 판매 가격까지 일차적으로 책임을 지는 (영업)부서가 있기는 하지만, 매출은 경영자의 책임이다. 매출은 고객이 우리 회사

가 생산한 제품이나 서비스에 대해 느끼는 가치를 선택한 결과이고, 끊임없이 고객의 필요와 불편을 살펴, 회사 내부 과정에 반영한 결과라는 점에서 경영자의 책임이다. 판매량을 중심으로 영업 부서를 평가하는 것이 지나치면 여러 부작용이 생긴다. 영업 부서의 임직원도 회사 전체의 재무적 목표를 이해하고 참여하도록 해야 한다. 판매 가격은 단순히 원가에 적정 마진을 더한 것이 아니다. 고객의 필요를 세분화하고 그들의 심리적 만족까지 고려한 결과가 되어야 한다. 회사 내부에 가격 결정을 고민하는 전문가가 있어야 한다. 판매량을 늘리지 않고 회사 내의 자원을 소모하지 않으면서도 고객의 만족도를 높이면서 매출을 늘릴 수 있는 방법이 있다면 그것을 실행하지 않을 경영자는 없을 것이다.

비용,
줄이려 하지 말고
구조를 바꾸어라

비용에 대한 다양한 견해:
줄일 것인가, 더 쓸 것인가

"뱁새가 황새 따라가다 가랑이가 찢어진다"는 속담이 있다. 자신의 분수에 맞지 않는 힘겨운 짓을 하면 도리어 해만 입는다는 말이다. 뱁새는 "붉은 머리 오목눈이"라고도 불리는 딱새과의 13cm 정도의 작은 새이고 황새의 어원은 큰 새라는 뜻의 "한새"로서 몸 크기가 100~115cm이다. 뱁새 입장에서는 억울하기 그지없는 속담이다. 아마도 처음부터 황새를 따라갈 생각도 없었을 것이며, 타고난 구조가 작을 뿐인데 굳이 황새와 비교를 당했으니 말이다.

그런데 비용 절감에 대한 인식이 뱁새와 황새 크기만큼 다르다. 젊은 시절 비용 절감이 회사의 중요한 과제였던 때가 있었다. 당시에 비용 절감은 말 그대로 비용을 아끼자는 식의 아이디어의 집합이었다. 엘리베이터 5대 중 2대의 운영을 중지하고, 4층까지는 걸어 다니고, 복사지는 반드시 이면

지를 사용하며, 사무실의 형광등 중 창가 쪽은 근무 시간에 소등하며, 안쪽은 형광등 넷 중 하나는 빼버리는 식이었다. 사실 그렇게 해서 절감된 액수는 뱁새 걸음걸이 수준이었다. 한편 내가 아는 중견기업의 CEO는 영업에 관련된 비용의 절감에 대해서는 매우 부정적이었다. 예를 들어 영업 비용을 30％ 늘리면 매출이 늘어나는 폭이 영업 비용 상승분보다 더 늘어나기 때문에 절대로 영업 비용은 줄이라고 하지 않는다는 것이다. 기업 본연의 활동을 해칠 수 있는 비용 절감에 대해서 문제가 있다고 보는 것이다. 이와 같이 비용에 대한 인식은 경영자마다 다른데, KT가 비용 절감에 대해 새로운 접근을 하게 된 것은 비용도 구조가 있다는 인식을 하면서부터이다.

매출에 영향을 끼치지 않으면서
비용을 줄이는 방법

2013년 황창규 회장이 새로운 CEO로 취임하면서 비용 구조 혁신을 통한 비용 절감을 추진하였다. 그전까지만 해도 비용을 줄여 이익 목표를 지켜야 하는 상황이 되면 늘 타깃이 되는 비용이 가입자 확보 비용이었다. 가입자 확보비는 규모도 컸지만, 어느 정도 손쉽게 조절이 가능했다. 문제는 가입자 확보비를 줄인다는 것은 매출 감소와 유통망의 위축을 의미하기 때문에 장기적으로 보면 바람직한 접근은 아니었다.

2013년부터 시작된 비용 구조 혁신은 과거의 주먹구구식 비용 절감에서 벗어나 비용에 대해 체계적 접근이 이루어지는 계기가 되었다. 2015년의 경우 투자·시공의 효율화와 구매 최적화, 제도·프로세스 개선 분야에

비용 구조 혁신

비용 절감

서 90여 개의 과제를 정하고 중앙에서 비용 절감 과정을 컨설팅해주고 관리하는 형태로 진행되었는데, 당초 비용 절감 목표를 제외하고도 추가로 비용을 2,500억 원(전체 비용 예산의 2.5% 수준)을 개선하는 성과를 거두었다. 2,500억 원이면 영업 이익률을 약 1.7% 개선하는 상당히 의미 있는 숫자였다. 당시 비용 구조 개선에 있어 크게 역할을 한 것이 4P+1E라고 이야기하는 비용 혁신 방법론과 비용 혁신 캠프 및 비용 혁신 클리닉 센터와 같은 지원 활동이었다.

대개 비용 절감은 본사의 비용 절감의 책임을 지는 부서가 정해지면, 관련 부서나 하부 조직으로 과제 발굴, 목표 설정, 진도 관리와 같은 형식으로 진행된다. 이런 식의 접근은 관리 부서는 편하지만, 막상 비용을 줄여야 하는 부서 입장에서는 막막하기 그지없다. 도대체 어떤 접근을 해야 하는지, 어떤 비용을 줄이는 것이 자신의 성과에 영향을 최소화하는 것인지, 과제 발굴은 어찌하는지 등을 개별 부서가 해내야 하기 때문이다.

하지만 KT의 경우는 비용 구조를 개선하는 부서에서 사업 부서, 현장 전문가 등이 함께 참여하는 1박 2일의 "창의적 비용 절감 과제 발굴 비용 혁신 캠프"를 통해 실현 가능성이 높은 과제를 발굴하고, 비용 절감 방법까지도 상호 이해를 하게 되었다. 실행 단계에서는 막히는 문제를 풀어주

비용 혁신 방법론(4P+1E) 개요

1P 문제 정의	2P 근본 원인 찾기	3P 개선 기회 도출	4P 실행 계획 짜기	1E 실행
Problem Define	Pinpioint Root Cause	Profit Improvemnet Proposition	Programming& Planning	Effective Execution

1P

일(기능), 비용, 사업(BM) 등을 분해하고 이를 분석하여
핵심 문제 정의
- 거시적 접근(macro approach): 사업 수입 구조 분석, 벨류 스트림
  분석 등
- 미시적 접근(micro approach): 돈&일 흐름 분석, 비용 구조 분해,
  프로세스 분해 등

2P

문제를 유발하는 근본 원인(root cause) 정의
- 9대 비용 절감 유형별 결함(낭비) 요인에 대한 문제 제기
  → 잠재 원인 도출
- 원가 동인(cost driver) 분석, 프로세스 분석, 낭비 요인 분석 등
  → 근본 원인 정의

3P

근본 원인 해결을 위한 개선 아이템 도출 및 최적안 선정
- 9대 비용 절감 유형 접근: 개선 과제/대안 과제 형태 제시
- 실행 용이성(내부 역량), 기대 효과 등을 평가(pay-off matrix 분석)
  → 최적안 선정

4P

과제 수행을 위한 개선안 구체화 및 실행 계획 수립
- 목표(goal), 실행 방안(to-do), 부서별 R&R(guarantee),
  Due Date(milestone) 등을 포함한 과제 정의서 견본(template) 정의

1E

성과 검증와 모니터링 및 개선 효과 지속 유지와 관리를 위한
시스템화(표준화)
- 성과 검증 체크 리스트, 이슈 발생 시 처리 방법 등 정의
- 모범 사례(best practice) 방법론화 및 전사 전파

기 위해 비용 혁신 담당 전문가 그룹으로 구성되어 비용 구조 혁신 전 단계에 걸친 맞춤형 컨설팅을 지원하는 클리닉 센터를 운영하면서 성과를 거둘 수 있었다.

이면지를 쓰고 엘리베이터를 멈추거나 더운 여름날에도 에어컨을 틀지 않는 식의 접근과 2013년부터의 접근은 달랐다. 단순히 비용을 줄이는 것이 아니라 비용 구조를 바꾸는 데에 목적을 두었기 때문이다. 예를 들면 기술의 발전으로 장비의 내용 연수, 점검 횟수 등이 변화하였음에도 20년 전의 기준을 적용하여 자주 교체하거나 점검을 하는 식의 관행이 있었는데 이를 기술 발전에 맞게 조정하였다. 그리고 원격 관리를 도입하여 출동에 따른 인건비와 노동력을 줄인 개선도 하나의 예이다. 인터넷 접속이 불량한 경우, 고장의 대부분은 셋톱 박스의 스위치를 껐다가 켜면 정상화된다. 과거에는 고장 신고가 들어오면 무조건 출동하여 살펴보는 업무 프로세스였다. 이 경우 아주 손쉬운 조치임에도 비용도 발생하고 고객도 불편하였다. 이것을 콜센터에서 원격으로 조작할 수 있도록 솔루션을 개발하여 적용하였고, 현재는 고장 신고가 들어오면 콜센터에서 원격으로 스위치를 조작한 후 그래도 문제가 해결되지 않으면 서비스 요원이 출동하는 식으로 변경 운영하고 있다. 기지국 네트워크의 운영에서도 단순히 비용을 절감하는 것이 아니라 비용 구조를 바꾸는 여러 아이디어가 제시되었다. 예를 들면 과거에는 3G와 4G망을 별도로 구축하는 것을 당연히 여겼으나, 비용 구조 과제 발굴을 통해 가능한 망 구축에 필요한 전용 회선이나 기지국을 공유하는 접근을 하기 시작했고, 이를 통해 상당한 규모의 비용을 아낄 수 있었다.

비용 구조 혁신은
관행과의 싸움이다

> 비용 구조 혁신은 관행과의 싸움이다. 비용을 집행하는 부서 입장에서 보면 자신이 쓰는 비용은 기득권이기 때문이다.

　비용을 많이 쓴다는 것은 자기가 속한 부서의 할 일이 많거나 중요하다는 것을 의미한다. 한편으로는 와서 아쉬운 소리를 하는 사람이 많아지니 스스로 비용을 줄일 인센티브가 크지 않게 된다. 당연히 비용을 줄이라고 하면 "더 이상 줄일 비용이 없다"는 식의 대응을 하는 것이 일반적이다. 그래서 비용 구조 혁신을 위해서는 이를 별도로 주도하는 조직이 필요하다. 이 조직이 전체 비용 구조를 훑어보고, 우선순위를 정해 실행을 해야 한다. 이 과정에서 강조해야 하는 것은 단순히 비용을 줄이는 것이 아니다. 비용 구조를 바꾸어 현재 하고 있는 일에 영향을 미치지 않으면서 비용을 줄이는 접근에 대해 공감대를 이뤄야 한다.

　의외로 많은 조직이 자신이 쓰는 비용에 대해 자세히 알지 못한다. 앞서 이야기했듯이 시설과 장치가 현대화 되었지만, 오래된 유지 보수 지침을 그대로 쓰거나, 사고가 일어날 경우의 책임 때문에 프로세스를 변경하지 않고 있는 경우가 많았다. 사업 부서에 객관적인 데이터를 제공해주는 것도 이들이 관행에서 벗어나게 하는 데 도움이 된다. 회사 내에는 수많은 데이터를 바탕으로 보고서가 생산된다. 일일 영업 보고서, 주간 영업 보고서, 고객 성향 분석 보고, 고객 불만 처리 경과 등이 그것이다. 대부분 매출 관련 보고이다.

우리나라의 경영진은 비용보다는 매출에 관심이 많다.

> 대부분의 데이터는 매출 관점에서 정리되고 활용된다. 비용에 대한 보고서
> 는 정기적으로 생산되는 것이 없는 경우가 많으며, 개별 비용의 사용 형태에
> 대한 데이터가 축적되거나 분석되는 경우도 드물다.

KT의 경우는 비용 구조 혁신을 위해 사내에서 생산되는 빅데이터를 적극적으로 활용하였다. 예를 들어 네트워크 품질 관리를 위해 생산되는 데이터를 분석하면, 무선 기지국의 최적화를 통해 비용을 줄일 수 있는 여지가 생긴다. 굳이 이 지역에 기지국을 3개를 둘 필요가 없다는 분석이 가능한 것이다. 덧붙여 절감된 비용의 일정 부분을 해당 부서가 자율적으로 쓸 수 있도록 하는 인센티브를 제공할 경우, 비용 구조 혁신은 더 탄력을 받았던 경험이 있다.

비용 구조 혁신의 장점은 본연의 활동에 영향을 끼치지 않으면서 비용을 줄일 수 있다는 것이다. 단순한 비용 절감은 기업의 본연의 활동에 영향을 끼친다. 앞서 이야기한 것처럼 가입자 확보 비용을 줄일 경우, 몇 달 뒤 매출이 줄어든다. 하지만 콜센터에서의 셋톱 박스 조작 솔루션은 오히려 고객의 편의를 높여주었지 기업의 본연의 활동에는 영향을 미치지 않는다. 또 다른 장점은 비용 구조 혁신을 통해 내부에서 오랫동안 당연하게 여겨지는 프로세스나 활동들을 다시 살펴보게 된다는 점이다. 앞서의 4P+1E 활동에서도 기능과 사업을 깊이 분석하고 문제의 근본 원인을 정의하는 과정이 있었다. 이런 과정을 통해 불필요하여 제거할 프로세스를 찾아내거나 효율화할 수 있는 활동을 고안하게 된다. 자연스럽게 혁신 활

동으로 연결이 되는 것이다.

비용 구조 혁신은 이익 측면에서도 그 효과가 뚜렷하다. 영업 이익률 10%의 기업이 이익을 1% 올리려면, 매출을 10% 더해야 한다. 물론 매출 상승은 기업의 성장을 위해 반드시 해야 하는 것이다. 그런데 영업 이익률 10%라 함은 비용을 90% 쓴다는 것을 의미하는데, 만일 회사 전체의 활동에 영향을 끼치지 않는 비용 구조 혁신을 통해, 전체 비용의 3%를 절감할 수 있었다면, 2.7%(90%×3%)의 이익 개선이 가능하다. 3%를 줄이는 것은 그리 어려운 일이 아니다. 특히 역사가 오래된 기업, 규모가 큰 기업일수록 감춰진 비용이 많기 때문에 도전해볼 만한 숫자이다.

산업 차원의 비용 구조 혁신 사례

KT CEO로 있으면서, 우리나라 통신 산업 전체의 비용 구조를 개선할 기회가 있었다. 5G 네트워크의 구축이 국가적 관심사로 떠올랐던, 2020년, 5G 네트워크의 트래픽을 분석해보니 도시와 지방의 격차가 컸다. 특히 읍면 지역의 경우 5G 트래픽은 미미한 수준이었으나 정부와 고객 모두 조속한 전국망 구축을 요구하고 있었다. 하지만 통신 3사의 투자 계획은 2025년이나 되어야 전국망 구축을 마치는 것으로 되어 있었다. 일정을 앞당기기 위한 방안을 검토하면서 생각한 아이디어는 읍면 지역의 5G 네트워크를 통신 3사가 공동으로 구축하여 쓰고, 여기에서 절감되는 비용으로 트래픽이 많이 발생하는 도시 지역의 망 구축을 앞당기자는 것이었다. 이를 다른 통신 회사의 경영진에게 제안하였지만, 머뭇머뭇하였고, 정부도 미온적이었다. 40여 년의 우리나라 이동 통신 역사상 경쟁 사업자가 공동으로 망을 구축한 사례는 없었기 때문이었다. 하지만 여러 차례의 논의와 설득을 통해, KT 제안의 합리성이 받아들여졌다. 이후 4년에 걸쳐 읍면 지역의 통신망을 3사가 나누어 구축하고 공동으로 사용하는 결정이 이어졌고 실행되었다. 이 결정은 전 세계 통신 업계에서도 혁신적인 아이디어로 여겨져서, 2022년에 전 세계 통신 사업자 연합회가 개최하는 MWC에서 혁신상을 받기도 하였다. 기업의 본연의 활동에 영향을 주지 않으면서, 빠른 시간 내 전국망을 완성하고, 거기에서 절감된 예산으로 도심의 망을 보강하여 오히려 고객의 편의를 높였다는 점에서, 산업 관점에서 비용 구조 혁신의 좋은 사례라 할 수 있다.

뱁새와 황새를 비용 문제에 비유한 것은 두 새의 몸집 차이 때문이다. 작고 단순한 비용 줄이기로는 비용 절감의 효과를 거두기 어렵다. 오히려 비용 절감에 참여하는 부서와 직원들을 지치게 하고 고객들은 불편해진다. 황새의 한 걸음이나 날갯짓 한 번으로 성큼 나아가는 것처럼 기업 본연의 활동에 영향을 주지 않으면서 비용을 줄이는 방법이 비용 구조 혁신이다.

> **비용을 줄이려고 하지 말고 비용 구조를 바꿔라. 구조를 바꾸면 비용도 줄지만 자연스럽게 혁신 활동이 일어난다.**

비용 구조 혁신 과정에서 중요한 것은 담당 부서의 역할이다. 단순한 관리가 아니라 같이 고민하고, 책임을 져주고, 비용 절감의 성과도 나누는 적극적인 역할을 하는 부서가 반드시 필요하다.

이익,
한 해 성과보다
지속 가능성이
더 중요하다

매년 이익을 낼 수 있는가

창업을 하는 젊은이들이 많아졌고 지원책도 많이 있지만, 창업하는 사람들의 가장 큰 관심이자 고민은 자신이 만든 회사가 계속 잘 굴러갈 것인가에 있다. 소위 좀비 기업이라는 말처럼 성장도 못 하고 망하지도 않는 모습도 바람직스럽지 않다. 창업자의 시간과 노력이 보상되기 위해서는 매년 매출이 오르고 이익이 성장해야 한다. 그래야 상장이나 인수·합병을 통해, 혹은 기업 자체의 성과로 보상받을 수 있기 때문이다. 앞서 "이익＝매출액－비용"이라는 산식을 이야기한 바 있다. 기업이 전사적으로 협력하여 매출액을 증가시키고, 비용 구조를 개선하여 비용을 줄이면 이익은 증가한다. 이익은 매출액과 비용 두 가지를 잘 관리하면 자연스럽게 나오는 결과물 같이 보인다. 하지만 지속 가능성이라는 면에서 보면, 한 해의 이익이 많이 나고 그 다음 해 적자가 나는 식의 성과는 바람직스럽지 않기 때문에, 매년 이익을 낼 수 있도록 구조를 만들고 이익도 목표를 가지고 관리하는 것이 필요하다.

이익에 대한 경영자의 고민은 여러 가지이지만 다음 세 가지가 가장 중요하다. 첫째가 올해 흑자를 기록할 수 있는가? 그리고 얼마를 낼 수 있는가이다. 그러나 올해 흑자를 기록한다고 해서 경영자의 고민이 사라지는 것은 아니다. 둘째는 내년에도 후년에도 이익을 낼 수 있는가, 그리고 이익의 규모가 지속적으로 성장할 수 있는가도 관심사이다. 셋째는 예측하지 못한 외부의 변화, 예를 들면 유가의 급등, 세계 경기의 침체, 규제 강화에도 이익을 낼 수 있는 구조를 가지고 있는가도 중요하다. 이익은 "매출액-비용"이라는 산식의 결과이지만 기업이 지속 가능하기 위해서는 이익도 매년 꾸준히 내는 것이 중요하고, 외부 환경 변화에도 이익을 낼 수 있는 구조를 만드는 것이 중요하다.

지속 가능 이익의 조건

> 경영자는 2년, 3년 뒤의 성과로 평가받으려고 하면 안 된다. 경영자는 적게는 10여 명에서 많게는 수만 명의 리더이고 그들의 미래를 책임지고 있는 사람이다.

경영자는 주주들의 투자금을 주주를 대신하여 운영하고 성과를 주주에게 돌려주어야 하는 사람이고, 고객들에게는 가치 있는 서비스와 제품을 제공해야 하는 사람이다. 2~3년 반짝 결과를 내고 망하는 기업은 직원, 주주, 고객 모두 원하지 않는다. 따라서 자신이 경영하고 있는 기업이 지속적으로 성장하고 발전할 수 있는 바탕을 마련하고 있는가? 일시적인 성과가 아니라 탄탄한 구조를 바탕으로 한 성과인가? 임직원들이 경영자를 믿고 따를 수 있는 회사를 만들고 있는가? 라는 질문에 자신 있게 답변을 할 수 있어야 한다.

답변의 핵심에는 "지속적으로 이익을 내는 기업"이 있다. 이익을 내지 못하면 기업이 유지될 수 없기 때문이다.

지속적으로 이익을 내려면 무엇을 해야 하는가? 우선은 매출액이 매년 증가해야 한다. 앞에서 살펴보았듯이 비용은 매년 상승할 수밖에 없다. 역사적으로 보면 물가 상승률은 플러스를 기록해왔다. 예외적으로 물가가 떨어진 해가 있지만 대부분 매년 물가가 상승해왔다. 이것이 의미하는 바는 비용은 매년 올라간다는 것이다. 비용이 매년 올라가는데 이익을 매년 증가시키려면 매출액이 매년 증가하는 수밖에 없다. "성장하지 않는 기업은 미래가 없다"라는 것이 내가 경영자로서 가진 소신이었다.

매출액이 매년 성장하는 방법은 각 기업이 처한 상황에 따라 다양하다. 어떤 기업은 1등이 되어야 하고 어떤 기업은 성장 사업으로 옮겨가야 하고, 어떤 기업은 글로벌 시장으로 진출을 해야 하고, 원가 경쟁력을 확보하기 위해 해외로 공장을 이전하거나 독보적인 기술로 차별화를 만들어내야 한다. 각 기업의 경영자가 해야 할 일이다.

$$이익\ 상승분\ =\ 매출\ 상승분\ -\ 비용\ 상승분$$

KT의 경우는 성장 잠재력이 높은 사업을 찾아 집중적으로 재원을 투입하고 역량을 높이고 영업을 집중하여 매출 성장을 이끌어냈다. 매출액이 상승하는 상황에서 다음으로 할 일은 비용을 잘 관리하는 것이다. 비용이 매출액보다 적게 상승한다면 "이익 상승분＝매출액 상승분-비용 상승분"의 식에 따라 이익도 상승하게 된다.

모든 조직을 이익에 연계시키는 것이 이익 관리의 시작

앞서 매출 책임이 영업 부서에만 있다고 생각하는 경우가 있다고 언급한 바와 같이, 이익 역시 마찬가지로 재무 부서나 기획 부서에 책임이 있다고 생각하는 경우가 종종 있다. 영업 부서나 사업 부서는 매년 자신들의 사업 계획을 세우고, 재무 부서에 가서 예산을 배정받고 그 예산을 바탕으로 1년 동안 자신들이 세운 사업 계획을 추진한다. 재무 부서에서 승인했기 때문에 사업 계획대로 추진하기만 하면 이익이 저절로 달성될 것이라 생각하는 것이 일반적이다. 설사 달성이 안 된다고 하더라도 이익 달성의 책임은 재무 부서에 있다고 생각을 한다. 심지어는 자신들이 제시한 매출 목표를 달성하지 못하는 상황에서도 비용은 당초 목표대로 사용하기도 한다.

어떤 기업의 CEO가 자기가 데리고 있는 임원에 대해 불평을 하는 소리를 들은 적이 있다. 어떤 임원은 회사에 필요한 일을 하는 것이 아니라 자신의 부서 혹은 자신이 하고 싶은 일을 한다는 것이다. CEO는 이익 목표를 달성하고자 애가 타는데, 어떤 임원은 연초에 배정된 예산을 가지고 자기가 하고 싶은 일을 하고 있다는 것이다. 이런 일들이 왜 벌어지는가? 이익에 대한 책임이 모든 부서에 있다는 것을 분명히 하지 않았기 때문이다. 나아가 모든 부서에 책임이 있다는 것에 대한 공감대가 이루어지는 것만으로는 충분하지 않다.

각 부서가 전사 이익에 기여하는 바가 측정되어야 한다. "측정되어야 관리할 수 있다"는 말처럼, 이익 관리의 첫걸음은 누가 얼마나 기여하는지 측정하는 것이다.

> 아무리 전사 이익에 기여하고 싶어도 측정된 수치가 없다면 기여하기 어렵다. 측정된 수치가 있어도 각 조직의 책임자가 이익을 조정할 수 있는 권한과 도구가 있어야 한다. 이것이 이익 관리의 뾰족함이다.

1단계: 이익 책임 공유 > 2단계: 측정 가능성 > 3단계: 권한과 도구

이익을 관리하라고 하고 막상 비용에 대한 권한을 모두 상급 조직에서 가지고 있다면 해당 조직의 책임자는 의무만 있지 권한이 없는 것이다. 이익을 효과적으로 관리하는 방법은 매출의 책임이 모든 부서에게 있듯이, 이익의 책임도 모든 부서가 참여하여 나누어 가져야 한다. 영업 부서도 자신의 조직이 기여할 이익 규모를 매출 규모와 함께 알고 있어야 하며, 제품 개발 부서, 고객 서비스 부서도 이익에 대한 목표치가 주어져야 한다. 그렇게 하려면 조직의 구성과 각 조직 책임자의 책임과 권한을 이익 관리

관점에서 정교하게 맞추어야 한다. 비용 집행의 권한을 중앙의 한 부서에서 틀어쥐고 있으면서 각 부서에 이익 목표를 주는 것은 발을 묶어 놓고 뛰라는 것과 같다. 해당 부서는 비용을 조정하고 싶어도 조정하지 못하기 때문이다.

이제 이익을 관리할 수 있는 체계가 마련이 되면 경영자로서는 이익의 지속 창출과 환경 변화에 대응할 수 있는 구조를 마련할 여유가 생긴다. 매년 이익을 내려면, 매출이 성장하는 것이 전제 조건으로 비용 상승분을 매출 상승분 이하로 통제하면 된다고 하였다. 매출 상승분 이하로 비용 상승을 통제하는 방법에는 여러 가지가 있을 수 있다. 적자가 큰 사업을 접는 것도 한 방법이다. 이것도 다른 사업에서 매출이 상승해야 수월하게 결정을 내릴 수 있다. 기업 전체의 매출이 상승한다는 확신이 들면 2~3년 비용이 더 들어도 설비 자동화 투자를 해서 5년간 비용 합계를 줄일 수도 있다. 또는 새로운 공법을 도입할 수 있을 것이다. 각 조직이 이익을 관리할 수 있는 체계가 만들어졌기 때문에 비용 구조 개선에 대한 아이디어는 최고 경영자가 신경 쓰지 않아도 지속적으로 나온다. 매출만 성장하면 이익도 지속 성장할 수 있는 기반이 마련된 것이다.

통제할 수 없는
환경 변화에도 대비하라

정유 산업, 조선 산업, 항공 산업, 해운 산업의 공통점은 외부 환경 변화가 이익에 미치는 영향이 매우 크다는 것이다. 반도체 산업도 과거 올림픽 사이클이라는 불리는 4년 주기의 수요 침체에 따른 정기적인 적자 발생 기간이 있었다(현재는 그 주기가 길어졌지만 2022년 하반기부터 시작된 우리나라 반도체 기업의 적자는 2023년 하반기가 되어야 끝날 것으로 예측한 바 있고, SK하이닉스의 흑자 전환이 2023년 4/4분기에 이루어졌다).

이들 산업의 경영자는 적자 기간을 어떻게 잘 견디는지가 매우 중대한 과제이다. 해운이나 조선 산업의 경우 그 시기를 견디지 못한 기업들이 산업 구조 조정의 대상이 되어 다른 기업에 합병되거나 매각된 경우가 종종 있었기 때문이다. 나는 안정적인 매출을 가진 통신 산업에 종사하였기 때문에 위와 같은 산업에 대한 이해가 부족해서 구체적인 이야기를 하기는 어렵지만, 아마도 흑자가 나는 기간의 이익을 사내에 유보하여 적자 시기에 대비하거나, 흑자 기간의 이익을 설비 투자를 통해 규모의 경제를 만들어놓고, 적자 기간을 금융 조달을 통해 견디는 전략을 선택할 수 있을 것이다. 전자의 경우는 위험을 회피하는 대신, 경기 상승기에 설비를 확장한 경쟁자에 밀리는 결과가 나올 것이고, 후자의 경우에는 회사가 잘못될 가능성도 있지만 견딜 수만 있다면 경기 상승기에 한 단계 점프할 수 있을 것이다. 아무래도 2등 사업자가 후자의 전략을 선택하는 것은 어려움이 있을 것이다.

위기를 기회로 바꾼 경우도 있다. 지난 3년간에 걸친 코로나 바이러스로 인한 어려움을 잘 견딘 대한항공의 사례가 시사하는 바가 크다. 2020년 코로나 바이러스의 확산으로 모든 여객 노선의 승객이 줄어들고, 해외 전 노선이 적자로 바뀌면서 그해 대한항공은 연결기준 매출 7.6조 원에 적자 2,100억 원을 기록하였다. 대한항공의 경영진은 비상 경영 체계에 들어가 승무원의 무급 휴직 등을 통해 인건비를 줄이는 조치를 취했다. 하지만 인건비 절감으로는 한계가 있는 상황에서 대한항공의 경영진이 주목한 것은 증가하고 있는 항공 물류 수요였다. 여객기는 놀고 있었지만 화물기는 부족한 상황, 경영진은 여객기의 좌석을 뜯어내고 화물을 싣는 결정을 내렸다. 그 결과 2021년 연결기준 매출 9조 원에 당기 순이익 5,800억 원을 기록하였고, 여객 수요가 회복되기 시작한 2022년에는 매출 14조 원에 영업이익 1조 7,000억 원을 기록하였다. 그 기간에 경쟁사인 아시아나항공의 경우는 2020년과 2021년 모두 5,000억 원 대의 적자를 기록하였고, 대한항공과의 합병이라는 산업 구조 조정 대상이 되어버렸다. 1등 기업과 2등 기업의 차이이기도 하지만 대한항공 경영진의 결정이 돋보이는 대목이다.

> 이익은 경영자의 성적표이다. 매출이 성장하면 일정 기간은 좋은 평가를 받을 수 있겠지만 결국은 "이익을 성장시킬 수 있는 바탕을 마련했는지, 그리고 적정 이익을 냈는지"로 평가받게 된다.

이익이 지속 성장하려면 매출 성장이 이루어져야 하고, 각 조직을 이익과 연계시켜 이익을 조정해야 할 때 작동이 되도록 해야 한다. 통제하기 어려운 외부 환경의 변화로 기업의 이익이 요동치는 것에 대비하는 것은 경영자가 놓쳐서는 안 될 정말 중요한 부분이다. 이것을 놓치는 순간 자신이 경영하는 기업이 사라질 수도 있기 때문이다.

좋은 소프트웨어를 갖춘 기업이 강하다

PART

앞서 기업의 하드웨어와 소프트웨어를 설명한 바 있다. 동일한 설비와 기술 그리고 프로세스를 가지고 있어도 성과가 달라지는 이유는 각 기업의 소프트웨어 차이에 있다. 성장 산업에 포지셔닝을 하는 것은 기업이 지속적으로 성장하고 발전하기 위한 바탕이다. 하지만 해당 산업 내에서 1등 사업을 만들고, 기술과 제품을 혁신하고 매년 매출과 이익을 늘려나가는 것은 새로운 도전이다. 이 도전에서 승리해야 지속적으로 성장하고 발전하는 기업이 된다. 이를 가능하게 하는 것이 기업의 소프트웨어이다. 좋은 소프트웨어를 갖추고 있으면 혁신이 일상이 된다. 변화와 혁신을 즐기면, 성장은 자연스럽게 따라온다. 이 책의 후반에서는 혁신과 성장의 선순환을 가능하게 하는 소프트웨어를 어떻게 만들고 업그레이드해나갈 것인지, 그리고 이를 관통하는 뾰족함은 무엇인지 이야기하고자 한다.

4

기업 경영에도
하드웨어와
소프트웨어가 있다

반드시 필요한 설비와 프로세스가
기업 경영의 하드웨어

좋은 소프트웨어를 갖춘 기업이 강하다. 지금은 PC를 사면, 따라오는 소프트웨어가 정해져 있다. MS 계열의 워드, 파워포인트, 엑셀 그리고 어도비 정도는 누구나 구매하는 필수 소프트웨어이다. 검색 엔진은 한때 통일되는 듯 했으나 최근에는 마이크로소프트 빙(Bing)과 구글 크롬(Chrome)의 경쟁이 치열하다. 소프트웨어는 따로 구매할 수 있기 때문에 하드웨어 사양이 중요해져서, 더 빠르고, 가볍고, 경쟁력 있는 가격이 PC 구매의 주요 의사 결정 기준이다. 하지만 소프트웨어가 지금처럼 경쟁력 있는 제품으로 통일되기 전에는 경쟁이 치열했다. 아래아 한글과 MS워드가 경쟁을 했던 적이 있고, 아주 오래전에는 여러 종류의 스프레드 시트가 엑셀과 경쟁한 적이 있다. 당시에는 PC를 켜놓고 서로 다른 소프트웨어를 구동시키면서 성능을 비교했고, 동일한 하드웨어지만 소프트웨어에 따라 결과치가 달라졌던 기억이 아직도 있다.

기업 경영에도 하드웨어와 소프트웨어가 있다. 어떤 기업이 새로운 제품을 출시한다고 가정해보자. 시장 조사를 하고, 고객의 필요를 확인하는 것이 먼저 할 일이다. 그리고 신제품 출시 기획을 하기 위해 해외의 제품이나 경쟁사의 제품을 분석하여 참고하고, 제품의 형상과 기능을 결정하게 된다. 이후에 생산을 위한 원재료를 구매하고 필요하다면 제조 장비도 구매할 것이다. 생산된 제품을 판매하기 위한 마케팅이나 영업 활동이 뒤따르고, 판매 이후의 A/S나 고객 관리도 필요하다. 제조업의 경우 대부분이 위와 같은 과정을 거쳐 제품을 만들어내고 판매를 한다. 통신 사업의 경우도 큰 틀에서는 위의 과정과 유사하다. 통신 서비스를 제공하기 위해서는 대규모의 선행 투자가 필요하다. 망을 구축하는 과정이다. 망을 구축하기 전에 해당 서비스에 대한 수요를 예측하고, 적정 이익을 실현하기 위한 조건들, 예를 들어 설비 투자 속도와 규모, 운영 비용에 대한 예측, 서비스 가격들을 검토하여 경제성을 확인한다. 경제성이 확인되면, 통신망 구축에 필요한 설비를 구매하여 망을 구축하고 망 구축이 어느 정도 완료되는 시점에 마케팅과 세일즈를 실시하게 된다. 이 과정에서 유통 채널의 구축과 관리 그리고 협업이 필요하고, 과금과 고객 케어를 위한 IT 시스템 운영, 콜센터 운영 등은 필수적이다.

시장조사, 기획, 설비 투자, 생산, 판매 후 고객 케어 등 일련의 필수적인 설비와 업무 프로세스를 기업의 하드웨어라 할 수 있다. 제품과 서비스를 생산하여 매출로 만드는 데 반드시 있어야 하는 과정이기 때문이다.

조직 구성원들의 열정, 창의력, 책임감을 높이는 것이 소프트웨어

과정은 변화하지 않았는데, CEO나 부서 책임자가 바뀌고 나서, 해당 기업이나 부서의 성과가 달라지는 경우를 우리는 종종 봐왔다. 반대로 성과가 좋았던 부서인데 부서장이나 부서원이 바뀌면서 성과가 나빠지는 사례도 있다. 또 동일한 상품을 판매하는 영업 부서인데 부서마다 성과가 다른 경우도 종종 보아왔다. 예를 들어 비슷한 상권에서 동일한 보험 상품을 파는 대리점이 있다고 하자. 인구적 특성이나 상품의 차이가 크게 차이가 없는데도 특정 지점의 성과가 지속적으로 우수한 경우가 있다. 앞서 이야기한 시장 조사도 마찬가지이다. 똑같은 숫자의 고객을 만났지만 어떤 조사는 고객이 원하는 바를 정확히 파악하여 보고하는 반면 어떤 보고서는 물에 술 탄 듯, 술에 물 탄 듯 내용이 부실하다. 왜 이런 차이가 생길까? 우리는 일반적으로 그 차이를 "그 부서는 분위기가 달라, 눈빛이 달라"라는 식으로 설명하기도 하고 "김 본부장이 갔으니, 성과를 낼 거야, 다른 곳에서도 잘 했잖아"라는 식으로 단순하게 리더의 차이로 설명하기도 한다. 하지만 나는 위와 같은 차이를 리더만의 차이라고 생각하지 않는다. 기업에는 조직 분위기를 다르게 만드는 것, 리더의 행동 차이를 만들고, 조직 구성원들의 열정, 창의력, 책임감을 높이고, 고객들의 인식과 기업의 평판을 좋게 만드는 소프트웨어가 있다.

> 눈에 보이지는 않지만 성과 차이를 가져오는 것들의 상호 작용이 기업의 소프트웨어다. 동일한 하드웨어를 가진 기업이지만 성과 차이가 나는 것은 각 기업이 갖춘 소프트웨어가 다르기 때문이다. 하드웨어가 망치라면 소프트웨어는 못이다. 기업의 문화, 리더십, 인적 역량(소프트웨어)이 우수하지 않으면 아무리 좋은 설비(하드웨어)를 가진 기업이라도 성과를 내기 어렵다.

어떤 성능의 소프트웨어를 갖고 있느냐에 따라, PC와 같이 하드웨어가 변하지 않아도 기업 성과가 달라진다. 예를 들어 조직의 리더가 바뀌었을 뿐인데, 성과가 좋아진다면, 이 리더가 분명히 기업의 소프트웨어의 성능을 높이는 긍정적인 역할을 한 것이다. 아마도 리더는 조직 구성원들에게 조직의 목표에 대한 공감대를 끌어내고, 소통과 협업의 중요성을 이야기하며 격려와 보상 같은 적절한 인센티브를 제시하였을 것이다. 또한 부서 성과를 리더 본인의 공으로 돌리지 않고 조직 전체의 이익으로 돌렸을 것이다. 조직원들은 리더의 의지와 진정성에 공감하여 열정과 책임감을 가지고 성과를 높이기 위해 노력했을 것이다.

이렇게 눈에 보이지는 않지만 기업의 성과를 올리고 내부를 혁신할 수 있는 요소와 과정을 기업 경영의 소프트웨어라 할 수 있다. 어떤 사람들은 소프트웨어의 많은 부분이 리더의 몫이라고 이야기하거나 리더가 소프트웨어 자체라 하기도 한다. 한편으로는 맞는 이야기이기도 하나, 리더와 소프트웨어를 동일시하게 되면 리더가 바뀔 때마다 성과가 흔들리는 결과가

나타난다. 기업은 혁신과 성과가 퇴보하지 않고 발전하기를 원한다. 그렇게 되려면 기업 경영의 소프트웨어가 기업의 문화로 정착이 되어야 한다.

> 자연인 리더가 결정하는 소프트웨어가 아니라 기업의 문화로 정착된 소프트웨어로 바뀌면 해당 기업은 어떤 리더가 와도 영향을 받지 않고 발전할 수 있는 상태로 한 단계 업그레이드되는 것이다.

성과를 좋게 하는 방법:
하드웨어 업그레이드

기업의 성과가 좋아지는 데에는 두 가지 방법이 있다. 하드웨어를 업그레이드하거나 소프트웨어를 업그레이드 하는 것이다. 하드웨어를 바꾸는 것의 예를 들면 좋은 설비를 들여놓는 것이다. 1시간에 100개를 생산할 수 있는 설비를 200개 생산할 수 있는 설비로 바꾸거나, 더 정교한 제품을 생산할 수 있는 것으로 바꾸는 것이다. 통신 사업에서도 소위 말하는 3G에서 4G로 그리고 5G로 통신망의 세대를 바꾸는 것이 하드웨어 업그레이드의 대표적 사례이다. 5G로의 전환은 통신 데이터 트래픽의 전송 속도를 수십 배 이상 높이고, 동시에 접속할 수 있는 단말의 숫자를 100배 이상 늘리면서도, 통신의 지연 시간을 획기적으로 낮추었다는 점에서 기술적으로 업그레이드가 이루어진 것이다.

항공 산업에서도 크고 좋은 비행기의 투입을 하드웨어 업그레이드로 볼 수 있다. 보잉777 같은 경우가 좋은 사례이다. 보잉 777이 1989년에 출시되기 이전, 장거리 여객과 화물 수송은 보잉747의 몫이었다. 보잉747은 1969년 초도 비행을 한 비행기로 많은 고객을 싣고 장거리로 비행할 수 있는 2층 구조, 2개의 복도를 가지는 넓은 동체 구조로 만들어졌고, 당초 예상과는 달리 거의 반세기 동안 1,600여 대 가까이 팔린 비행기이다. 하지만 보잉 747은 4개의 엔진을 가진 비행기로서 연비가 낮고, 일부 공항에서는 소음 때문에 취항을 금하는 경우도 있었다. 이런 단점을 극복한 것이 쌍발 엔진 보잉777이다. 엔진 수가 적어지는 만큼 출력을 제어하기 용이하고 결과적으로 연비 향상으로 이어졌다. 수송 능력도 증가하여 좌석 배열도 3-4-3형태로 넓은 설계가 가능해졌다. 당연히 항공사 입장에서도 수익성 개선에 도움이 되었다. 그 결과 세계 장거리 항공 수요의 증가에도 힘입어 보잉777의 주문 대수는 2020년에 2,000대가 넘게 되었다. 하드웨어 업그레이드는 비용이 들기 때문에 수익성에 대한 검토가 필수적이다. 하지만 기업의 소프트웨어 업그레이드는 하드웨어 업그레이드에 비해 비용이 크게 들지 않는다는 점에서 성과를 올리는 매우 매력적인 방법이다.

성과를 좋게 하는 다른 방법:
소프트웨어 업그레이드

해외 출장으로 앞서 이야기한 보잉 777을 여러 차례 탈 기회가 있었다. 비행기는 똑같지만 비행기 안의 서비스는 달랐다. 우리나라 항공사의 서비스가 훌륭한 편에 속하였고, 영국의 항공사 서비스는 실망스러운 수준이었다. 실제로 항공사의 서비스 수준은 기내 서비스뿐만 아니라, 정시 출발과 도착, 환경에 대한 기여 등도 종합적으로 평가되어 발표가 되는데, 2022년 에어라인 레이팅스 닷 컴(Airlineratings.com)의 발표에서는 카타르항공, 에티하드항공, 대한항공, 싱가폴항공 등이 우수 항공사로 거론되었다. 비행기가 동일하고 여객 수송의 프로세스가 비슷해도 여행객들이 느끼는 서비스의 차이는 소프트웨어의 차이가 만들어낸 결과라 할 수 있다.

경영의 소프트웨어는 리더 자체라고 생각하는 사람들이 많다. 리더가 바뀌었을 때 성과의 차이가 생기는 경우가 많기 때문이다. 리더가 기업 경영의 소프트웨어에서 중요한 역할을 하지만, 리더가 소프트웨어의 모든 것은 아니다. 소프트웨어는 기업이 지향하는 바, 즉 미션, 비전에 대한 임직원들의 이해와 태도, 기업의 평판, 임직원들에 대한 평가와 보상 체계, 일에 대한 태도와 역량, 기업 전체의 분위기, 리더십이 어우러진 결과이다.

임직원들의 책임감, 열정, 창의력이 높고, 무엇인가를 해내겠다는 분위기가 있는 기업은 성과가 낮을 수가 없다. 그런데 이렇게 되려면, 기업의 목표 그것도 형이상학적인 목표가 분명하고 이를 임직원들이 이해하고 자기의 것으

회사의 평판도 중요한 요소이다. 혁신적이고 고객 중심의 회사라는 평판을 갖게 되면 고객 인식을 사로잡을 가능성이 높고, 동일한 제품이라도 경쟁사에 비해 더 많이 구매할 가능성이 높아진다. 임직원에 대한 평가와 보상 체계도 중요하다. 연공서열에 따라 보상하는가? 성과를 내는 직원만을 골라 우수한 평가를 주고 보상을 하는가? 아니면 협업을 중시해서, 협업을 통해 성과를 낸 부서를 높이 평가하고 보상을 하는가에 따라, 기업이나 부서의 분위기가 달라진다. 그리고 이런 모든 것을 잘 조직하고 문화로서 정착시키는 역할을 하는 것이 리더십이다. 이런 면에서 리더가 중요하지만 리더도 앞서 이야기한 여러 요소들이 갖추어 있지 않으면 성과를 내고 조직을 혁신하는 데 한계가 있다.

애플의 CEO였던 스티브잡스가 만든 것이 과연 아이폰과 아이패드 같은 제품만 있었을까? 아마도 스티브잡스가 먼저 한 것은 혁신적인 제품으로 세상을 바꾸어보자는 열정을 애플 내부에 심는 일이었을 것이다. 리더가 스티브 잡스에서 팀 쿡으로 바뀌어도 애플이 승승장구할 수 있는 이유는 무엇일까? 스티브 잡스가 만들어놓은 기업 경영의 소프트웨어가 아직도 작동하고 있기 때문이다. 현대중공업 그룹의 사옥을 방문한 적이 있다. 창업주인 고 정주영 회장의 호를 딴 아산 홀이 중앙에 있고, 입구에는 고 정주영 회장의 뜻이 새겨져 있었다. "우리가 잘 되는 것이 나라가 잘 되는 것이며, 나라가 잘 되는 것이 우리가 잘 될 수 있는 길이다." 현대중공업 그룹의 임직원들을 만나면서 늘 느끼는 것이 나라에 대한 사랑, 뚝심, 열정 이런 것이다. 아직도 새벽에 회사에 출근하여 같이 모여 아침을 먹는 임원들과 하루 세끼 식사를 무료로 제공하는 관행이 현대중공업 그룹만의 소프트웨어이자 문화인 것이다. 이 그룹 역시 배를 만드는 기술보다 먼저 만들어진 것이 현대중공업만의 기업 문화와 리더십일 것이다.

기업 경영 소프트웨어 담당자는
최고 경영자

동일한 하드웨어를 가진 두 기업이 경쟁을 한다고 해보자. 그런데 한 기업은 좋은 소프트웨어를 갖추고 있고 상대 기업은 그저 그런 소프트웨어를 갖춘 기업이다. 경쟁의 결과는? 당연히 좋은 소프트웨어를 갖춘 기업이 승리할 것이다. 나쁜 소프트웨어를 가진 기업은 경쟁에서 뒤질 뿐 아니라 기업 자체가 망하기도 한다. 1985년 인터노스와 휴스턴 내츄럴가스가 합병하여 탄생한 엔론(Enron)은 한때 미국 7대 기업으로 불렸고, 2001년까지 건실한 회사로 알려졌으나 사상 최대의 분식회계 사건으로 2007년에 결국 파산한 기업이다. 케네스 레이 회장의 무능과 제프리 스킬링 CEO의 탐욕과 거짓, 그리고 기업의 역량과 실질을 무시하고 이익만 챙기려 했던 것이 회계 부정의 배경으로 알려졌으며, 장치 산업에 걸맞지 않는 "Ask Why"라는 비전을 설정하고 본업을 금융 서비스화하는 등, 최고 경영진의 경영 능력 역시 엉망이었다. 엔론은 비전, 리더십, 직원들의 역량, 윤리의식 등 소프트웨어가 열악한 기업이었던 것이다. 우리나라에서도 기업이 망하고 나면, "그 기업은 망할 수밖에 없었다. 오너가 엉망이었고 회사 분위기도 일찌감치 파장 분위기였다"라는 뒷이야기가 흘러나온다. 하드웨어는 있었지만, 하드웨어가 작동하지 못하도록 하는 악성 소프트웨어인 랜섬웨어가 설치되어 있었던 것이다.

> **최고 경영자만이 할 수 있는 일이 자신이 경영하고 있는 회사의 소프트웨어를 정기적으로 평가하고 개선하는 일이다.**

새로운 설비의 구축이나 유지·보수 같은 하드웨어에 관련된 일은 기업 내에서 담당자가 있고, 늘 정기적으로 보고가 되며 의사 결정이 이루어진다. 그러나 기업 경영의 소프트웨어는 담당자가 없다. 최고 경영자가 담당자이다. 최고경영자는 좋은 소프트웨어를 만들어 작동시킬 수 있는 권한과 책임이 있다. 기업의 성공과 패배가 소프트웨어에서 결정되는 경우가 많으며, 더욱이 소프트웨어의 개선과 운영은 하드웨어와 비교하여 크게 돈이 들지 않는다는 장점이 있고, 언제라도 실행할 수 있는 일이다. 다만 최고 경영자의 관심과 실천이 지속적으로 필요하다는 점을 마음에 새겨두어야 할 것이다.

다음 장부터는 기업 경영의 소프트웨어를 이루는 비전·핵심 가치, 임직원의 역량, 리더십 그리고 기업 문화가 서로 어찌 연결되고 작용하여 힘을 발휘하는지 이야기하고자 한다.

나는
왜 이 회사에
다니는가

답을 찾은 사람과
답을 찾지 못하는 사람

아무리 좋은 회사라 하더라도 입사 3년차, 5년차가 되면 많은 신입 사원들이 한 번씩은 "이 회사를 다녀야 하나?" 고민한다고 한다. 나 역시 그랬던 기억이 있다. 지금 다니는 회사가 마음에 안 들기 보다는 다른 기회와 비교하기 위해서이다. 하지만 시간이 흘러 10년차 정도 되면, 정말로 중요한 질문을 하게 된다. "나는 왜 이 회사에 다니는가?"이다. 이 질문에 답을 찾은 사람과 그렇지 않은 사람의 마음가짐과 태도는 다르다. 답을 찾은 사람은 자신의 일에 대한 자부심과 열정을 가질 수밖에 없고 당연히 성과도 달라질 것이다. 나 역시 부장이 될 즈음 "왜 KT에 다녀야 하는가"를 고민했다. 임원이 되면서 그 질문에 대한 명확한 답을 만들어낼 수 있었다. 매우 중요한 질문 "나는 왜 이 회사에 다니는가?"에 대한 답은 회사가 주어야 한다. 특히 KT와 같이 다양한 직무와 사업 영역 그리고 다양한 배경을 가진 직원들을 모인 곳에서 이들을 하나로 모아 변화를 만들어내고, 직원들이 자신들의 일에 자부심을 가지게 하려면 앞서의 질문에 분명한 답을 주어야 했다. 선박만 등대가 필요한 것이 아니라 기업에도 등대가 필요하다. 그것도 밝고 멀리 비추는 등대가 필요하다.

> 어둠 속 등대를 보며 항해하는 선원들처럼 임직원들도 자신이 어디를 향하는지, 무엇을 지향해야 하는지를 알 수 있는, 명확한 목적이 있어야 한다. 명확한 목적이 있어야 회사에서 일하는 이유를 찾을 수 있다.

"나는 왜 이 회사를 다니는가?"라는 질문에 대해 가장 수준이 낮은 답변은 "돈을 벌기 위해서"라는 답이다. 자기의 시간과 능력을 돈과 바꾸기 위해 자신이 다니는 회사를 활용한다는 것이다. 돈을 더 주는 회사가 있어 옮길 수만 있다면, 늘 옮길 준비가 되어 있는 직원이다. 이런 직원을 고용하고 있는 회사도 힘이 빠질 일이지만 그런 답변을 하는 직원도 답답할 것이다. 자기 안의 열정, 창의, 배짱 이런 것을 키우고 써먹을 여지도 적고, 그렇기 때문에 미래를 자기 주도적으로 그리기 어렵기 때문이다.

사실 우리가 일을 하면서 얻는 것은 급여 이외에도 많다. 성취감, 팀워크, 성공, 열정. 이런 것들은 어쩌면 돈보다 가치 있는 것일 수 있다.

여전히 아쉬운 답변은 "회사 안에서 성장하고 발전하기 위해서 다닌다. 임원이 되는 것이 목표이다"라는 답이다. 회사 경영진의 입장에서 보면 고마운 직원이고, 열심히 열과 성을 다할 직원이니 키워볼 만한 직원이다. 하지만 회사라는 틀을 벗어나 생각을 넓히거나 큰 비전을 제시하는 데에는 한계가 있을 것이다. 당신이 다니는 회사가 20년, 30년 뒤에 어떤 모습인가를 그리라고 하면 막상 답하지 못할 가능성이 있다. 이런 직원이 성장하여 회사의 중요한 위치에 있다면 회사 미래가 과연 밝을지 의문이다. 어쩌면 임원 자리를 보전하는 데 열과 성을 다하고 있을지도 모른다. 자주 인용하는 이야기가 있다. 매일 아침마다 즐겁게 길거리를 청소하는 청소부가 있었다. 항상 웃는 얼굴로 최선을 다하는 그 청소부에게 "지저분한 것을 치우는 일이고 보수도 낮은데 무엇이 그리 즐겁습니까?"라고 묻자, 그 청소부는 "나는 거리의 휴지를 줍는 것이 아니라 지구의 한 모퉁이를 깨끗하게 만들고 있다"고 했다. 자신이 일하는 이유를 어떻게 설명하는가에 따라 하찮게 보이는 일도 큰 가치를 가진 일로 바뀌는 것이다.

앞서의 질문으로 돌아가서, 최상의 답변은 자신이 회사에 다니는 이유를 회사가 지향하는 바를 자신의 일의 관점에서 이야기하는 것이다. 여기에서 회사가 지향하는 바, 즉 존재 이유는 그 회사의 미션이나 비전에 나와 있다. KT는 통신 회사에서 디지털 플랫폼 회사, 나아가 AI 회사를 지향하고 있다. 이를 통해 고객과 사회 그리고 대한민국의 변화와 발전을 만들어내고자 하고 있다.

누군가가 KT의 15년차 부장에게 KT에 다니는 이유를 물었을 때, "그냥 아이들도 커가고 복지도 좋은 안정적인 직장이라 다닌다"라는 사람과 "나는 KT의 B2C 분야에 근무하는 부장으로, 우리 고객의 삶을 변화시켜 고객이 편하고 여유 있도록 만드는 것이 나의 할 일이고 이를 통해 모든 대한민국 모든 국민의 삶의 방식을 바꾸고 싶다"라는 사람을 비교해보자. 어떤 사람이 더 발전할 가능성이 있고, 자신의 일에 대해 자부심을 가지고 있으며, 더 성장할 가능성이 있는가? 말할 것도 없이 훌륭한 비전을 가진 기업과 그 비전을 자신이 회사에 다니는 이유로 삼는 직원이다.

시대의 변화를 반영하는 비전,
시대에 뒤떨어진 비전

기업에도 멀리 빛나는 등대가 필요하다고 했는데, 이를 위해 할 일이 두 가지이다. 기업에 맞는 비전을 만들어 가지고 있는 것, 그것을 모든 임직원이 자신의 비전으로 받아들이도록 하는 것이다. 대표적으로 잘 나가는 회사의 비전을 살펴보면 다음과 같다.

- 아마존: 고객이 온라인에서 구매하길 원하는 것이라면 무엇이든지 찾을 수 있는 가장 고객 지향적인 회사(To be Earth's Most Customer-Centric Company, Where Customers Can Find and Discover Anything They Might Want to Buy Online.)
- 테슬라: 세상을 전기차로 바꾸는 21세기의 가장 매력적인 자동차 회사를 만들자(To Create the Most Compelling Car Company of the 21st Century by Driving the World's Transition to Electric Vehicles.)
- HD현대(현대중공업그룹): 시대를 이끄는 혁신과 끊임없는 도전으로 인류의 미래를 개척하는 회사
- 삼성전자: 인재와 기술을 바탕으로 최고의 제품과 서비스를 창출하여 인류 사회에 공헌하는 회사

물론 비전이 좋아서 기업이 흥하고, 나빠서 반드시 망한다고 할 수는 없다. 다만 비전이 당시의 회사의 나갈 바를 명확히 제시하고 있는가가 중요한 포인트이다. 앞서 언급한 엔론처럼 에너지 회사가 본업과 전혀 맥락이 다른 "Ask Why"라는 비전을 이야기한다면, 회사가 방향이 없다는 것이고,

임직원들도 돌아서서 오히려 "왜?"라고 물어볼 것이다.

> 비전은 한 번 만들어놓으면 영원히 바꾸지 말아야 하는 것이 아니다. 시대에
> 맞게 바꾸고, 이를 기업 내에서 살아 움직이게 해야 한다.

경제 상황이 변화하고, 영위하는 사업의 내용이 바뀌고, 기술이 달라지면 비전도 달라져야 한다. 지금은 사라진 몇몇 기업의 비전을 살펴보면 환경에 대한 관심 증대와 같은 시대적 흐름이나 스마트폰이나 인터넷 같은 혁신적인 기술의 등장 그리고 온라인 구매와 같은 고객 니즈의 변화를 제대로 반영하지 못하고 있었다는 공통점을 발견할 수 있다.

· 코닥: 모든 사람들이 사진을 찍고 만들 수 있는 세상(A World Where Can Everyone
Can Be A Picture Taker and Maker.)
· 노키아: 인간의 연결(Connecting People.)
· 라디오 섁: 오늘날 고객의 모든 전자 상품에 대한 니즈 충족(To Serve All of The
Electronic Needs of Today' s Consumer.)

회사의 비전과 핵심 가치를
나의 것으로 받아들여야 한다

훌륭한 비전 문장(Vision Statement)보다 중요한 것이 회사의 비전을 자신의 비전으로 받아들이는 임직원의 태도이다. 임

직원이 모르는 비전, 자신의 것으로 여기지 않는 비전은 죽은 비전이다. 어떤 기업은 그 기업의 오너나 최고 경영자조차도 비전이 있는지 모르는 경우가 있다. 그저 다른 기업에도 있고, 회사 규모가 있으니 만들어놓자는 정도로 만들어 회사 입구에 걸어놓는 정도이다. 이에 못지않은 것이 기업의 최고 경영진들만 관심을 가지고 이야기하는 경우이다. 경영진 회의에서 회사의 미래를 이야기할 때, 비전이나 미션을 이야기하면서 열띤 토론을 하지만 직원들은 관심이 없다. 이 두 경우 모두 비전이 제대로 힘을 발휘하기 어렵다. 세 번째가 직원까지도 관심을 가지고 자신이 회사에 출근하는 이유를 비전에 연결시키는 경우이다. 이럴 때 비전이 힘을 발휘하고, 임직원의 잠재력을 100% 끌어내어 발전할 수 있으며, 임직원 역시 회사와 같이 성장하게 되는 것이다.

어떻게 하면 회사의 존재 이유를 자신이 회사에 다니는 이유와 연결을 시킬 것인가? KT의 사례이다. 처음에는 비전에 대해 적극적으로 알리고 교육하는 과정을 거쳤다. 신입 사원 교육뿐만 아니라 모든 교육 과정에 시간을 할애하여 비전의 내용을 전달하였다. 그리고 경영진이 기회가 있을 때마다 자신의 입으로 비전을 언급하고, 자신이 회사에 다니는 이유를 비전과 연결하여 설명하였다. 뿐만 아니라 비전을 회사의 중요한 의사 결정 기준으로 삼았다. 예를 들어 신사업에 진출할 적에 과연 이 사업이 고객의 삶을 변화시킬 수 있는 것인가를 따졌고, 더 이상 다른 산업의 혁신을 리딩할 수 없는 사업은 퇴출을 하였다. 그래서 디지털 헬스 케어 사업에 진출한 것이고, OTT 사업에서 손을 떼게 된 것이다.

사람은 돈으로만 만족하지 않는다. 우리는 국민을 위해 봉사하는 훌륭한 군인, 경찰관, 소방관을 알고 있다. 이들의 보수는 상대적으로 낮지만 열심히 자신의 본분을 다하고 있다. 국가와 국민에 대한 사명감 때문이다. 기업에 다니는 사람들도 마찬가지이다. 보수로만 만족하면 안 된다. 이미 우리나라 기업 경영의 오래된 선배들도 그들의 비전을 가지고 있었다. 사명(Mission) - 비전(Vision Statement) - 핵심 가치(Core Value) 같은 비전 체계는 80년대 말 경영학자들과 컨설턴트들이 각 기업에 소개하면서 많이 만들어졌지만, 이런 체계가 들어오기 전인 60~70년대에도 이미 비전이 있었다. 당시 많은 기업들이 내세운 산업 보국, 기업 보국이 그것이다. 산업을 일으켜서, 기업을 잘해서 나라가 잘되도록 하겠다는 것이다. 포항제철은 제철 보국을 외쳤고, 매일유업의 창업자는 낙농 보국을 내걸었다. 경제적으로 낙후된 대한민국을 기업을 통해 살리자는 큰 비전을 제시하고, 이에 따라 움직였던 것이다.

우리나라에서도 존경받는 경영자인 교세라의 창업자 이나모리 가즈오는 일본 2위의 통신 사업자 KDDI를 단기간에 NTT 그룹의 경쟁자로 만들고, 모두 회생 불능이라고 생각하였던 일본항공(JAL)의 경영을 맡아 1년 만에 흑자로 돌려놓은 기업인이다. 이나모리 가즈오는 그의 저서《왜 사업하는가?》에서 자신의 경영 이념의 최우선을 '물심양면으로 전 직원의 행복을 추구한다'는 것과 사회의 일원으로 책임을 다하기 위하여 '인류와 사회의 진보 및 발전에 공헌한다'라고 이야기하고 있다. 그가 전 직원의 행복을 경영 이념으로 세운 배경에는 교세라 설립 초기 직원들의 요구를 들으면서 '기업을 경영하고 사업을 한다는 것은 경영자 자신의 꿈을 실현하는 것이 아니라 직원과 그 가족의 현재 그리고 미래의 삶까지도 책임지는 것임을 온몸으로 느꼈기' 때문이라고 회고하고 있다. 그는 교세라의 급격한 성장과 높은 수익 구조가 탁월한 기술 개발력 덕분이라는 점도 있지만 최고의 강점은 직원들 간의 견고한 인간관계를 발판으로 각 개인이 지닌 잠재력 그 이상의 성과를 발휘할 수 있도록 한 것에 있다고 이야기하고 있다.

> **크게 될 기업은 거창한 비전을 가져야 한다. 사람은 돈만으로 만족하지 않지만, 기업은 더욱이 돈만으로 만족해서는 안 되기 때문이다.**

핵심 가치:
일관되고 구체적인 행동 원칙을 만들어라

비전과 짝지어 있는 것이 핵심 가치이다. 비전을 달성하기 위해 가져야 할 행동 원칙 혹은 중요하게 여겨야 할 것이 핵심 가치이다. 앞서 언급된 교세라의 핵심 가치, 경영의 대원칙 중의 하나가 "고객에게 철저히 봉사하는 것"이다. 고객의 일꾼으로 일하고자 하는 마음이 없으면 뛰어난 판매 전략도 그림의 떡이 되어버린다는 것이 이나모리 가즈오의 생각이며, 이 대원칙하에서는 고객을 대하는 태도와 서비스만큼은 한계가 없고, 고객이 원하는 제품을 반드시 만들겠다는 생각을 가지는 것 역시 당연하다 이야기하고 있다. 핵심 가치가 회사 경영의 원칙이자 원리로 작동하는 것이다.

핵심 가치는 모든 임직원이 중요하게 생각하는 것을 일치시키는 역할을 한다. 임원 회의를 하다보면, A부서는 고객을 중요하다고 생각하는데, B부서는 낮은 원가가 가장 중요하다고 한다면 곤란하다. 또 같은 부서임에도 리더가 바뀔 때마다 기준이 바뀌어도 곤란하다. 중요하게 생각해야 할 사항을 회사 차원에서 정리한 것이 핵심 가치이다. 당연히 핵심 가치는 모든 기업이 같을 이유가 없으며 각 기업이 처한 상황에 따라 달라져야 한다. B2C 기업이나 서비스 기업, 유통 기업의 경우에는 고객이 중요한 기준이 될 것이다. 하지만 반도체 관련 기업 같이 첨단 기술이 핵심인 회사는 기술이 핵심 가치가 될 것이고, 자동차와 같이 오랫동안 자주 사용하는 제품을 만드는 기업의 핵심 가치에는 당연히 품질이 포함될 것이다. 몇몇 기업의 핵심 가치를 살펴보면 다음과 같다.

- KT: 고객 중심, 주인 정신, 소통과 협업, 본질과 과정
- 토요타: 지속적 개선, 사람에 대한 존중
- 구글: 이용자 중심, 혁신, 무결성(Integrity), 기술에 대한 열정
- 테슬라: 혁신, 지속 가능성, 지속 가능 에너지로의 전환
- HD현대: 세상을 이끄는 혁신, 두려움 없는 도전, 서로에 대한 존중, 모두를 위한 안전
- 삼성전자: 인재 제일, 최고 지향, 변화 선도, 정도 경영, 상생 추구

KT CEO로 일할 때, 가장 강조한 핵심 가치는 "주인 정신"이었다. KT는 오너가 없는 기업이라는 이야기를 많이 들어왔다. 여기에는 부정적인 생각도 있고 긍정적인 생각도 있다. 오너가 없기 때문에 장기적이고 일관된 전략이나 정책을 실행할 수 없는 것 아니냐는 생각도 있지만 한편으로는 모든 임직원에게 열심히 노력하면 공정한 기회를 주고 오너의 이익이 아니라 국민과 주주의 이익을 위해 일한다는 자부심을 줄 수도 있다는 긍정

적인 면도 있었다. 그렇게 되려면 임직원 스스로가 주인이라는 생각을 가지는 것이 중요했기 때문에 "주인 정신"을 중요한 핵심 가치로 정하고 강조하게 되었다.

핵심 가치를 정착시키는 과정은 비전의 내재화 과정과 유사하다. 첫째 경영진이 지속적으로 언급해야 한다. 필요하다면 해당 분야의 어젠다를 정하고 정기적으로 점검해야 한다. 예를 들어 고객이 중요하다면, 고객의 VOC를 개선하는 어젠다를 정하고 이를 지속적으로 개선하고 점검하는 회의체를 최고 경영자가 직접 참여하여 운영하여야 한다. 둘째는 부서 및 임직원의 평가와 보상 기준으로 핵심 가치가 사용되어야 한다. 핵심 가치를 잘 실천하면 좋은 평가와 보상을 받는 인센티브가 있어야 빠르고 수월하게 정착할 수 있다. 셋째는 IT 기술의 도움을 받을 수 있다면 적극 활용해야 한다. 최근에는 기업 내의 소통과 협업을 도와주는 훌륭한 도구들이 많다. 국내 기업이 개발한 플로(Flow)도 있고, 해외 기업이 개발한 팀스(Teams)나 슬랙(Slag)이 그 예이다. 개선된 일하는 방식을 적극 도입하는 것도 핵심 가치 정착에 큰 도움이 된다.

진정한 기업가는
사람의 마음에 불을 붙일 수 있어야 한다

등대에서 중요한 것은 멀리 밝게 비추는 빛이
지만 등대의 매력은 빛에서만 나오는 것이 아니다. 저 등대를 따라가면 땅
이 나오고 집에 돌아갈 수 있다는 믿음과 희망에 있다. 우리 기업도 분명하
고 매력적인 목표를 가지고 있어야 한다. 목표를 보고 있으면 모든 조직원
들의 가슴이 뛰어야 한다. 그러려면 목표를 달성했을 때의 보상에 대한 믿
음과 희망도 같이 보여주어야 한다. 비전에 동의하면 일관된 행동 원칙 즉
핵심 가치를 제시하고 이에 맞추어 행동하도록 해야 한다. 휴대폰 대리점
에서 출발해서 지금은 1조 원 매출을 하는 기업을 일으킨 일본의 기업가
후지타 야스시가 있다. 후지타는 소멸되는 고향을 살리기 위해 고향의 시
골 분교를 세상에서 가장 아름다운 편의점으로 만들어 인구 1,000여 명의
작은 마을에 2년 만에 30만 명의 외지인이 다녀가게 만들었다. 후지타는
기업가에 대해 다음과 같이 이야기했다.

> "진정한 기업가는 사람의 마음에 불을 붙일 수 있는 사람이다. 편하게 일하고
> 싶다, 돈 벌고 싶다는 같은 이야기 말고 세상을 바꾼다고 말할 수 있어야 한
> 다. 이것이 엔진이다."

경영자는 자신과 같이 일하는 직원의 수준을 낮게 보지 말아야 한다. 그들도 일하는 이유가 있다. 일하는 이유가 돈 때문인지, 인류의 복지를 위한 것인지를 만드는 것이 경영자의 몫이다. 그들이 일하는 이유가 회사의 비전과 일치할 때 회사는 더욱 뾰족한 소프트웨어를 가지게 된다.

우수한 인력이
회사의
역량이다

회사의 역량은
어떻게 결정되는가

1987년 KT에 입사를 했다. KAIST에서 석사 학위를 마치고 입사했는데 고학력자로 분류되어 별도의 수당이 나오는 등 대우가 좋았던 기억이 있다. 회사로서는 넘치는 통신 수요를 충족시키기 위해 네트워크 투자를 대규모로 하고, 늘어나는 가입자와 수입을 관리하기 위해 우수한 인력이 절실히 필요했던 시기였기 때문이다. 내 기억으로는 입사 당시 KT의 인력은 6만 명을 육박했지만 대학을 졸업한 직원은 1% 남짓했다. 1975년 기준으로 대학을 졸업한 인구의 비율이 5.5% 내외였고, 1985년이 되어서도 11% 정도였기 때문에, 60~70년대 입사한 직원이 대다수를 차지했던 KT에서는 그 정도의 비율이었다.

1980~90년대만 해도 대학은 기업에게 우수한 인력을 공급하는 역할을 톡톡히 하고 있었다. 각 기업은 우수한 인력을 유치하기 위해 대학을 돌아

다니면서 기업 설명회를 개최하였고 석사, 박사 학위 소지자에게는 별도의 수당과 1∼2단계 높은 직급을 제시하면서 채용했던 시절이었다. 그런데 2000년대 들어서 해외 진출 기업이나 영업을 중심으로 하는 기업들부터 변화의 조짐이 나타나기 시작하였다. 대학 졸업생이 와도 회사에서 별도로 가르쳐야 한다는 이야기가 나오기 시작했다. 2010년대 우리나라 기업들의 기술 수준이 세계적 수준이 되기 시작하면서부터는 대부분의 기업들이 대학에서 배운 지식보다는 태도를 중요시하기 시작했고 업무 지식에 대해서는 채용 후 회사 내의 교육과 훈련을 통해 추가적으로 가르치는 모습을 띠게 되었다.

앞서 기업 경영에 있어 소프트웨어의 중요성을 이야기한 바 있다. 좋은 소프트웨어를 갖추기 위한 첫 번째 조건은 회사의 비전이 명확하고 매력적이어야 한다. 그리고 회사의 비전을 자신이 일하는 이유로 삼는 임직원들이 많아지는 것이다. 두 번째 조건은 회사의 역량이 비전을 실현할 수 있는 수준으로 높아져야 한다. 역량이 없는데 뜻만 높은 것은 실력은 없는데 좋은 대학을 지원하는 것이나 마찬가지이다.

> 회사의 역량은 어떻게 결정되는가? 결국은 사람이다. 역량이 높은 임직원이 있으면 그 회사의 역량이 높은 것이고 그렇지 못하면 역량이 낮은 것이다.

삼성의 인재 제일 주의도 이런 맥락에서 나온 것이다. 훌륭한 역량을 가진 임직원을 확보하고 활용하고 유지하는 것이 기업의 역량을 높이는 방법인 것이다.

좋은 인재를 육성하는 것도
기업의 역할이다

                          과거에는 직원들의 역량은 좋은 대학을 나온 인재를 뽑아오는 것으로 결정되었지만 이제는 학교가 아니라 기업이 직접 챙겨야 하는 시대가 되었다. 이렇게 된 것에는 여러 이유가 있다. 우선 대학 교육이 기업의 변화 즉 높아진 기술적 수준이나, 복잡하고 다양해진 직무, 고도화된 생산 공정을 따라잡지 못하고 있다. 기업 역시 중요한 기술을 직접 연구 개발을 통해 확보하면서, 과거와 같이 대학에서 첨단 기술과 공정을 배운 학생이 취업을 하여 지식을 전파하는 식의 인력 공급 관계가 이제는 사라졌다. 두 번째는 새로운 기술이나 제품이 너무나 빠르게 진화·발전할뿐만 아니라 직접 활용을 해야 하는 상황이 일어나고 있다. 예를 들면 드론, 클라우드, 스마트폰, 로봇, 인공지능 등은 특정 산업이나 기업에서 쓰는 것이 아니라 모든 산업과 기업에서 활용해야 하는 것이 되고 있다. 이 분야의 특화된 인력을 원하는 대로 구하는 것은 사실상 불가능하기 때문에 기업 내에서 필요한 인력을 육성하는 것이 불가피해졌다. 세 번째는 산업간 융합이다. 지금은 디지털+X의 시대이고 인공지능+X의 시대이다. 헬스 케어도 디지털 헬스 케어로, 상거래도 디지털 상거래로, 교육도 디지털 교육으로 융합이 일어나고 있다. 이런 분야의 인력을 공급하는 대학은 아직은 없다. 디지털 교육 사업을 위해서는 교육 전문가가 디지털을 배우든지, 디지털 전문가가 교육을 이해해야 한다. 결국 기업 내에서 인력의 양성과 순환이 이루어질 수밖에 없다. 네 번째는 인력의 수요와 공급의 불균형이 발생하고 있는 것도 원인이다. 특히 소프트웨어 개발자, 클라우드, 빅데이터, 인공지능 전문가의 수급 불균형은 심각한 수준이다. 제조업의 경우는 고령화로 인한 숙련 인력의 퇴직도 원인이 되기도 한다. 예를 들면 조선소 용접 인력이 고령화로 그만두면서 한국 조선업의 미래에 대한 우려가 나타나고 있다.

특정 분야 혹은 융합 분야의 인력은 필요한데 필요한 인력을 구할 수 없는 세상이 되고 있기 때문에 기업 스스로 인력의 확보와 육성 그리고 유지가 중요한 과제가 되고 있는 것이다.

외부 영입 인재가
성공하도록 만들어라

기업의 역량은 우수한 역량을 가진 인력을 보유하고 있는가에 따라 결정된다. 인력을 확보하는 방법은 외부로부터 영입하거나 채용하는 방법과 내부 인력을 전환하여 육성하는 방법이 있다. 그리고 확보된 인력을 유지하는 것이 무엇보다 중요하다.

기업 내부에 필요한 인력이 없으면 경영자는 외부에서 데리고 오는 것을 우선 생각할 수밖에 없다. 내부 육성은 원하는 영역과 수준을 맞추려면 시간이 걸리기 때문이다. 그런데 외부 영입 사례를 오랜 경험으로 살펴보면, 성공한 경우도 있지만 기대에 미치지 못하는 경우가 더 많았다. 우선 막상 들어와 일을 맡겼을 때 당초 기대와 다른 경우가 있었다. 면접이나 평판만으로는 충분히 해당 인력을 평가하기에는 한계가 있기 때문이다. 또 내부에서 해당 업무가 정리되거나 통합되면서 영입 인력의 필요성이 없어

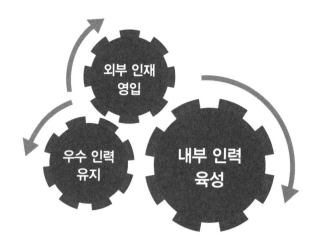

지는 경우도 있었고, 기존 기업 문화에 적응을 하지 못해 스스로 나가기도 하였다. 그럼에도 불구하고 매우 성공적인 경우도 있었다.

> 우선 영입된 인력이 자신이 일하는 회사의 기업 문화를 잘 이해하면서 조직에 녹아들어야 한다. 그리고 상위 리더들이 보호하고 격려하며 적절한 일을 맡겼을 때 회사 내의 핵심 인력으로 성장하는 것을 보았다.

최근에는 대학과의 협력을 통해 전문화된 인력을 확보하려는 노력이 늘어나고 있다. 소위 특성화 학과나 특수 목적 대학원을 기업과 공동을 만들어 교육 과정을 공동으로 운영하고, 기업 내 전문가가 교육에 참여함으로써, 졸업 후 추가적인 교육 훈련이 필요 없게 인력을 확보하는 방법이다. 하지만 리더급 인력은 영입에 의존할 수밖에 없고 이 과정에서 보수 수준과 인센티브 체계가 기존 인력과는 달라서, 기존 인력의 유지(Retention) 문제와 갈등을 일으킬 가능성이 있기 때문에 조화로운 접근이 필요하다.

내부 인력 육성,
힘든 만큼 얻는 것도 많다

내부 인력을 육성하여 필요한 인력을 수급하는 방법이 있다. 내부 인력 육성은 시간이 걸린다는 단점이 있다. 하지만 장점이 더 크다. 우선은 회사의 사업을 잘 알고 일정 수준의 역량과 기술을 갖춘 인력들이 추가적으로 역량을 갖추게 됨으로써 소위 특정 분야의 지식(Domain Knowledge)이 있는 전문가를 확보할 수 있기 때문이다. 외부 영입 인재의 경우, 해당 분야의 기술이나 역량은 뛰어나지만 새로운 회사와 새로운 사업에 대한 이해가 뒤떨어지는 경우가 자주 있다. 우수 인력을 영입해놓고 막상 활용하는 데 시간이 걸리는 것이다. 또 다른 이점은 내부 인력 육성 과정을 통해, 인력 구조의 전환이 가능하다는 것이다. 회사에서 필요로 하는 역량은 고정되어 있지 않다. 시간이 흐르면 신기술도 낡은 기술이 되고 그 기술을 가지고 있던 인력의 활용이 떨어지게 된다. 통신 회사의 경우 30년 전 집 전화가 빠르게 보급되던 시기에는 전화 교환기를 다룰 수 있는 인력이 부족해서 시급히 양성했던 적이 있지만, 지금은 전화 교환기가 점점 사라지고 IP 기반의 게이트웨이로 바뀌어서, 더 이상 전화 교환기에 대한 수요는 없다. 수요가 적은 직무의 인력을 수요가 많은 직무로 전환하는 리스킬링(Re-Skilling), 업스킬링(Up-Skilling)을 통해 인력 운영의 효율성을 높일 수 있는 것이다.

내부 인력 육성 과정을 통해 회사의 전략과 사업 방향이 바뀌고 있음을 알릴 수 있다는 점도 중요하다. 인력 육성만큼 직원들에게 명확한 메시지는 없다. 회사가 가고자 하는 방향을 알고 회사 내에서 성장하기 위해 갖추

어야 할 역량이 무엇인지 파악하고, 준비할 수 있도록 해주는 것이다. 마지막으로 내부 인력 육성은 회사가 기존의 직원들을 우선시하고 중요하게 생각한다는 메시지를 준다. 즉 회사가 필요한 역량을 외부에서 그때그때 수혈해서 쓰는 것이 아니라 내부 인력을 활용하기 위해 이렇게 투자를 하는구나 생각을 가지게 된다. 회사에 대한 애정과 로열티가 생기는 계기가 되는 것이다.

KT는 인공지능, 빅데이터, 클라우드 역량을 가진 인재를 육성하기 위해 3년 동안 체계적으로 준비하고 집중적으로 투자한 경험이 있다. 사업의 방향을 기존 통신 사업의 경쟁력을 유지하면서도 시너지를 낼 수 있는 디지털플랫폼 사업 확장으로 정하면서, 자연스럽게 해당 분야의 인력이 필요하게 되었다. 특히 인공지능 분야는 외부 인력 시장에서도 이미 구하기 어렵고, 몸값도 높아 핵심 인재는 영입해야 하지만 기반 인력은 내부 육성이 정답이라고 생각하였다. 이를 위해 지난 2020년부터 "미래 인재 육성 프로젝트"를 진행했다.

KT의 미래 인재 육성
프로젝트 사례

해당 프로젝트는 크게 1. 인공지능 교육, 2. 인공지능 실습 플랫폼 AIDU 운영, 3. 인공지능 코치 양성, 4. 프로젝트기반의 실습, 5. 인공지능 자격증인 AICE 운영이라는 다섯 개의 축으로 구성되었다.

인공지능 학습 과정은 3~6개월간 진행되는 과정으로 자신의 직무에서 빠져나와 전적으로 교육에 참여하는 형태이다. 교육은 사내 강사, 외부 강사 그리고 코칭을 통하여 이루어지며, 해당 과정을 수료하면 인사 시스템에 등재되어 관련 분야로의 배치를 진행하게 된다. 자신의 업무에 인공지능을 적용할 수 있는 실무형 인재 육성을 위한 "현장 AI 300 프로젝트"도 있었다.

"AIDU"는 KT가 자체적으로 만든 인공지능 실습 플랫폼이다. 인공지능 교육은 데이터셋의 확보와 모델링을 위한 별도의 플랫폼이 필요하다. 내부 인력의 육성 규모가 컸기 때문에 이를 위해 자체적으로 교육 플랫폼을 만들었고, 이를 통해 다른 교육 기관보다 경쟁력 있는 인력 육성이 가능했다.

"인공지능 코치"는 KT의 교육 프로그램에서 가장 중요하고 차별화된 요소이다. 초기에는 사내 강사로 출발했지만 현재는 각자의 역량과 관심 분야에 따라 직접 교육 콘텐츠를 만들기도 하며, 교육 참여자에게는 지속적으로 피드백을 제공하여 단기간에 역량을 끌어올리는 데 핵심적인 역할을 하였다. 30명으로 출발하였지만, 코치로 활동하면서 본인도 성장할 수 있다는 공감대가 형성되면서 100명이 넘는 규모로 확장된 바 있다.

프로젝트 기반의 실습도 KT의 미래인재 육성의 차별화된 포인트였다. 프로젝트는 사내 담당 부서에서 특정 프로젝트를 제안하거나 교육생들이 다뤄보고 싶은 프로젝트를 자체 발굴하는 방식으로 진행되었다. 직접 현장에서 필요한 문제를 코치들과 함께 해결하는 과정을 통해, 교육 후 자신의 업무에서도 AI를 활용할 수 있다는 자신감을 가지게 되며, 프로젝트 결과물 역시 바로 사업 부서에서 활용되는 경우도 많았다.

마지막으로 KT는 위와 같은 경험을 바탕으로 인공지능 활용 능력을 평가하는 자격증인 AICE를 만들었다. 자격증은 교육을 받는 사람들에게 목표점을 제공하기 위해 출발했지만, 역으로 교육적 효과와 함께 구성원들에게 인공지능에 대한 관심을 높이는 계기가 되었으며 2022년에는 민간 자격증으로 인증받게 되었다.

지난 수년간 KT의 '미래 인재 육성 프로젝트'를 통해 육성된 인력은 전문가 수준 500여 명 이상, 기본 역량을 가진 수준 2,000여 명 이상이다. KT가 디지털 플랫폼 및 인공지능 분야로의 사업을 확장하는 데 중추적인 역할을 하고 있는 것으로 안다.

많은 기업이 나이든 인력은 리스킬링이나 업스킬링 대상에서 제외하는 경향이 있지만 실제로는 이들만큼 변화하려는 열망이 큰 사람들도 없기 때문에 적극적으로 포용하여야 한다.

실제로 AI인재 육성 사례를 보면, 입사 20년이 지난 인력도 교육에 참여하여 새로운 역량을 가진 인재로 변신하는 것이 가능하였다. 나이든 직원들은 회사에 대한 충성심도 높고, 사업에 대한 이해도 높기 때문에 역량만 갖추어 진다면 회사에서 꼭 필요한 인재로 바뀌게 된다.

인사 부서의 새로운 고민이 된
우수 인재 리텐션

역량 있는 인력을 유지(Retention)하는 것도 회사의 역량을 높이는 중요한 과제이다. 아무리 좋은 인력을 영입하고 우수한 인력을 육성해놓아도 회사를 나가버리면 다시 시작해야 한다. 우수 인력 유지는 최근 들어 기업의 인사 담당자들에게 가장 어려운 숙제가 되고 있다. 과거에는 평생 한 직장을 다닌다는 분위기가 있어서, 일단 채용을 하고 나면 잡아놓은 물고기 같이 생각하고는 했었다. 하지만 젊은 직원들 중심으로 평생 직장이 아니라 평생 직업을 찾아 회사를 옮기는 분위기가 생기면서 우수 인력을 어떻게 유지할 것인가가 점점 중요해지고 있다. 우수 인력의 유지에 따라 붙는 문제가 있다. 우수 인력에 대한 대우인데, 이 문제는 단순하지가 않다. 우수 인력을 어떻게 정의하고, 기존 인력 혹은 우수 인력으로 분류되지 않는 인력에 대한 평가와 보상을 어떻게 할 것인가와 연결되기 때문이다.

대부분의 기업들은 3~5개 등급의 고과 평가 체계를 가지고 있고, 고과 결과에 따라 급여를 차등하여 지급하고 있는데, 이 차이가 크지 않은 것이 한국 기업의 현실이다. 물론 영업 성과를 인센티브와 연계하여 급여 차이가 크게 나거나, 삼성전자와 같이 S급 인재를 정의하고 높은 급여를 지급하는 것을 당연시하는 기업 문화를 가진 곳도 있다. 하지만 대부분의 기업은 평가와 보상 체계를 공개하고 있거나 동료의 보상 수준을 쉽게 짐작할 수 있어서, 우수 인력에 대한 별도 대우를 어찌할 것인지 고민하지 않을 수 없다.

KT도 오랫동안 비교적 균등한 보상 체계를 유지해왔다. 하지만 지난 5년간 새로운 사업으로 진출했으며 IT 역량 강화를 위한 우수 인력 영입·유지를 염두에 두고 별도의 보상 체계를 만들기 시작했다. 이 과정에서 중요한 것은 우수 인력과 별도 보상 체계에 대한 공감대를 확보하는 것이다. 경영진은 급여를 매년 높이는 노력을 해야 하지만 그렇다고 모든 임직원이 동일하게 높아져서는 안 된다는 공감대를 만드는 노력을 해야 한다. 공감대가 확보되면 그 다음은 수월하다. 인사 담당자에게 맡기면 된다.

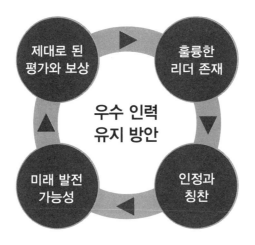

많은 사람들이 보수를 많이 주면 우수한 인력을 붙잡을 수 있다고 생각하지만, 우수 인력의 유지가 보수만으로 결정되는 것이 아니다.

회사를 떠나는 우수 인력을 인터뷰해보면, 보수에 대한 불만도 있지만 평가 체계 그리고 의외로 같이 일하는 리더에 대한 불만이 크게 작용한다. 또 이 회사에 계속 다닐 때 과연 미래가 있는가에 대한 불안도 작용한다.

모든 사람은 자신이 어떤 평가를 받고 있는가를 동료들에 대한 평가를 바탕으로 인식하는 경향이 있다. 나 혼자 S등급을 받았을 때와 우리 팀원의 2/3가 S등급을 받았을 때, 느낌이 다른 것이다. 내가 기여한 바가 가장 크다고 생각했는데 옆의 동료가 나보다 우수한 평가를 받는 것이 지속된다면 회사를 옮길 이유가 생기기 시작하는 것이다. 우수 인력의 이직이 잦은 부서는 리더가 문제인 경우가 많다. 인정과 칭찬이 아니라 비판과 독불장군 식의 조직 운영을 하는 경우, 대부분의 팔로워들은 고개를 돌린다. 우수 인력이라면 갈 곳도 많고, 오라는 곳도 많은데 조직을 떠나면 그만인 것이다.

그렇기 때문에 우수 인력 유지는 인사 부서만의 업무가 아니라 모든 리더들의 R&R에도 추가되어야 한다. 인사 담당자의 이야기이다. "연봉 2천만 원 차이는 잡을 수가 있어요. 하지만 그 이상이 되면 잡기 어렵습니다." 역으로 생각하면 연봉을 2천만 원 많이 준다고 하여도 회사를 옮기지 않는 사람이 있다는 것이다. 이유가 무엇일까? 우리나라 지능형 CCTV 분야에서 1등을 하고 있는 인텔리빅스의 창업자인 김용식 대표는, 자신의 경험을 토대로 이렇게 말했다. "회사의 비전에 공감하고 경영진과 늘 대화를 해온 직원은 나가지 않는다."

앞서 이야기한 비전을 공감하는 것과 회사의 역량이 연결되어 있는 것이다. 내가 다니는 회사의 비전에 공감하고, 나도 성장할 수 있다는 믿음이 있다면 쉽사리 회사를 나가지 않는다. 그럼에도 불구하고, 벤처나 비상장 중소기업의 경우 상장에 따른 인센티브를 우수 직원들과 나누는 체계를 갖춘다면 우수 인력의 영입과 유지가 더욱 수월할 것이라는 점을 강조하고 싶다.

우수 인력의 유지에
평가와 보상의 초점을 맞추어야 한다

평가와 보상 체계에 대해 조금 더 이야기하면, 회사의 분위기와 리더에 대한 평판, 인재 발굴, 조직에 대한 충성심에 영향을 미치는 요인 중에 가장 직접적인 것이 평가와 보상이다. 평가에 따라 붙는 수식어가 있다. '공정한 평가'다. 평가는 공정하게 했다고 하더라도 피평가자 특히 고과가 낮은 직원은 그 공정성을 인정하기 어려울 것이다. 여기에 어려움이 있고 갈등이 시작된다. 오랜 경험에서 내린 결론은 공정성에 대한 시각 차이는 피할 수 없고 다만 그 차이를 줄이는 데 집중해야 한다는 것이다. 차이를 줄이려면, 가능한 눈에 보이는 기준으로 성과가 측정되어야 한다. 또 평소에 리더의 피드백이 많아야 하며, 표창이나 시상 등을 통해 우수 직원에 대해 공감대가 이루어져야 한다. 이 과정을 통해 내가 어느 정도인지를 중간중간에 알 수 있도록 해야 공감을 한다. 대부분 우리나라 학부모들이 중학교 1학년 1학기 중간고사 결과를 보고 모두 놀란다고 한다. 초등학교 내내 자녀의 성적을 모르다가 그때 처음 점수와 등수를 받아들고 현타가 온다고 한다. 회사도 마찬가지이다. 연말 고과 시점에 되어서야 자신의 위치를 알아서는 평가자와 피평가자의 시각 차이를 줄일 수 없다. 보상은 대개 연말에 이루어지는 급여 인상과 승진을 포함하는데, 발표가 되면 되돌릴 수 없는 결정이라 경영진과 리더들은 늘 고민할 수밖에 없다. 보상에 관련하여 새로운 시도를 한 바 있다. 재량 성과급이다. 분기마다 우수한 성과를 내거나 유지의 필요성이 있는 직원에 대하여 보상을 하되, 보상을 결정하는 주체를 해당 직원이 속해 있는 부문장이나 본부장으로 하였다. 현장의 상황을 잘 알고 있는 임원이 보상 결정에 직접 참여하고 직접 불러 이야기하는 기회도 갖도록 한 것이다. 사용된 예산은 그리 많지 않았지만, 인정을 받는 느낌, 차별화된 급여 지급의 효과도 있어서 우수 인력의 유지에 큰 도움을 받았다. 또 중간 평가들이 쌓여 연말의 고과에 반영되므로, 공정한 평가에도 도움이 되었다.

대부분의 기업에서 평가와 보상 체계는 우수한 직원과 그렇지 않은 직원을 나누고, 이에 걸맞은 급여 인상과 승진을 제공하는 것으로 운영되어 왔다. 그렇지만 앞으로는 우수 직원의 유지에 초점을 맞추어야 할 것이다. 변화의 속도가 빠르고 복잡할수록 우수한 인재가 조직 내에 있는 것이 회사의 생존을 결정한다. 평범하고 공평한 분위기의 평가와 보상이 아니라 우수 인력을 유지할 수 있는 뾰족함이 있는 제도의 운영이 필요하다. 많은 사람들이 급여나 승진만을 보상이라고 생각하지만, 칭찬과 인정도 보상이다. 경영진과의 소통도 인정받는다는 느낌을 주는 데 유용한 수단이다. 경영진이 1년 내내 부지런히 직원들을 만나 칭찬과 인정을 한다면 적은 돈으로도 우수 인력을 유지할 수 있다.

> 역량 있는 인재를 확보하는 것이 기업의 생존을 결정짓는 시대가 되고 있다. 우수 인재의 영입만으로 역량을 확보하던 시기도 지나고 있다. 모두가 우수해야 살아남는다. 미래 기업의 역할에는 인력을 육성하는 것이 포함될 것이고, 교육 훈련 부서가 기업의 핵심 부서로 자리 잡을 것이라고 믿는다.

앞으로는 우수 인력을 육성하고 유지하는 것이 관련 부서만의 역할이 아니라 모든 리더들의 중요한 임무가 될 것이다. 변화와 불확실성의 시대의 기업에게 "배우고 익히는 것이 기쁘지 아니한가"라는 2,500년 전 공자 말씀은 여전히 유효하다.

필사즉생, 필생즉사
일부당경, 족구천부

위대한 리더,
충무공 이순신

　　　　　　　나의 고향은 충남 아산이다. 아산에는 충무공 이순신 장군을 모신 사당인 현충사가 있다. 어릴 적 먼 길을 걸어 현충사에 소풍을 갔던 기억과 함께 어른이 된 후 읽은 《난중일기》를 통해 충무공은 내가 가장 존경하는 인물이 되었다.

　1597년 봄 이순신 장군은 "공격할 기회가 있었는데 일부러 회피했다"는 간계와 원균의 끊임없는 모함으로, 한양으로 불려가 옥에 갇히는 신세가 된다.

　1597년 7월(음력) 조선 수군은 이순신 장군의 후임 통제사 원균의 지휘 하에 영남 해안으로 출정을 하였다가, 칠천량 해전에서 변변히 싸워보지 못하고 140척의 전선과 2만여 명에 이르는 수군을 잃고 대패한다. 막강 조선 수군이 하루아침에 사라지자, 이에 놀란 조선 조정은 이순신 장군을 삼

180

도수군통제사로 다시 임명하고 왜군의 서해 진출에 대비토록 한다.

이순신은 한산도 삼도수군통제영에 도착한 후 단지 13척의 판옥선을 가지고 수백 척의 왜선과 싸워야 하는 명량해전을 준비한다. 앞서의 패배와 13척의 판옥선을 가지고 싸워야 하는 장병들의 두려움은 한없이 컸다. 이때 이순신 장군은 장병을 모아 "살고자 하면 죽을 것이요, 죽으려 하면 살 것이다. 한 명이 험한 길을 지키면 능히 천 명도 막아낼 수 있다"라며 결의를 다진다.

9월 16일(음력) 충무공은 전선 13척을 이끌고 울돌목(명량해협)에서 왜선 330여 척과 일전을 벌인다. 조선 수군의 세력이 약한 것을 안 왜 수군은 조선 수군을 완전히 제거하려 하였으나 오히려 충무공의 불굴의 전투력과 조류를 이용한 작전으로 참패를 당하고 물러나게 된다.

이순신 장군의 군율은 엄격하여 휘하의 장수들도 곤장을 맞은 경우가 많았고, 원균을 싫어한 이유도 "군인답지 못함"에 있었다.

임진왜란 초기에 이순신 장군과 원균의 관계는 그리 나쁘지 않았지만, 싸움에는 나서지 않고 전투가 끝난 후 적의 수급을 건지러 다니거나, 싸움에 기여하지 않고 단지 승리를 보고하는 장계에 이름을 올리기 원하며, 원균뿐만 아니라 휘하의 장수들의 군기가 엉망인 것을 보고 점차 관계가 멀어지게 되었다.

이순신 장군과 원균의 사례만큼 리더의 중요성이 극명하게 비교된 경우는 없다. 이순신 장군은 23전 23승의 놀라운 성과를 거둔 장수였지만, 똑같은 수군을 가지고, 원균은 단 한 번의 싸움에서 조선 수군 전력의 대부분을 잃어버리고 말았다.

세상이 복잡해질수록 중요해지는
리더와 리더십

오랜 직장 생활 중에 가장 많이 받은 강의와 코칭을 꼽는다면 단연 리더십이었다. 리더십만큼 다양한 견해가 공존하고, 천차만별의 강사와 강의 프로그램, 심지어는 리더십 명언에서 리더십을 키워준다는 학교까지 있는 분야는 없다. 왜 그럴까? 훌륭한 리더들이 수없이 존재했고, 성공한 리더의 말이 명언이 되고, 그들의 조직 운영 철학이 리더십의 유형이 되었기 때문일 것이다. 또 조직의 성과를 내는데 가장 크게 영향을 미치고, 설명하기 쉬운 변수가 리더라는 존재이기 때문이다.

리더는 기업 경영의 모든 분야에 영향을 미친다. 비전을 세우고, 핵심 가치를 정하며, 기업이 어느 사업에 집중할 것인지를 결정하고 자원을 분배한다. 임직원의 열정과 능력을 끌어내기 위한 격려와 소통 또한 리더의 몫이다. 앞서 살펴본 바와 같이 역량 있는 인재를 육성하고 영입하는 것도 리더의 역할이고, 리더와 마음이 맞지 않아 우수한 인재가 기업을 떠나기도 한다. 훌륭한 리더를 만나 흥한 기업도 많고 잘못된 리더를 만나 망한 기업도 많다.

세상이 복잡하고 다양하고 빠르게 변화하는 만큼, 리더의 중요성이 더 커지고 있다. 복잡하고 다양한 세상에서의 기업 경영은 과거처럼 리더 혼자의 판단에 의지하고 나머지 임직원은 무작정 따라하는 식으로는 불가능하다. 오히려 리더의 의존도를 줄여 창의성과 전문성을 가진 팔로워들을 조직하고 활용해서 세상의 변화에 맞추어 대응하도록 해야 한다.

그런데 이 과정에서 리더의 역할이 중요하다. 리더가 예전처럼 리더 중심의 조직 운영을 고집한다면, 그리고 팔로워의 능력과 개성을 무시하고 잠재력을 최대한 이끌어내지 못한다면 그 조직은 성과를 만들어낼 수 없다. 리더의 전통적 역할이 줄어들수록 리더의 중요성이 커지는 역설적인 상황인 것이다. 리더가 과거의 프레임워크를 고집하게 되면 변화와 혁신은 일어나지 않는다. 세상의 변화를 읽고, 리더의 역할을 유연하게 바꾸는 리더가 필요하다.

이순신 장군의 리더십은 "군인다움"에서 나왔다. 400여 년의 세월이 흘렀지만 존경받는 리더십의 근원은 크게 바뀌지 않았다는 생각이다. 자신의 일에서 존경을 받는 것이 우선이다. 군인은 군인다움에서 기업인은 기업인다움에서, 정치인은 정치인다움에서 그리고 리더는 "리더다움"이 출발점이다. "리더다움"은 무엇을 의미하는가? 우선은 자신이 하는 일에서 지식이든 경험이든, 네트워킹이든지 우수해야 리더로서의 자격이 생긴다. 자기와 같이 일하는 사람들이 인정하지 않는 사람은 리더로서는 버티기가 어렵다. 덧붙여 리더로서의 역할을 제대로 인식하고 행동하는 것이다. 특히 경제, 사회적 변화와 기업의 경영 환경 그리고 새로운 세대의 사고방식을 이해하고, 이에 맞추어 사고와 행동을 해야 하는 것이다. 400년 전의 장군은 곤장을 칠 수 있었지만 지금은 불가능하다.

지난 30년만 살펴보아도 효과적인 리더십의 형태가 경제 사회 발전에 따라 바뀌어왔다. 30년 전은 리더가 신입 사원보다 당연히 지식과 경험이 우수한 시절이었기 때문에 신입 사원은 무조건 리더의 말을 따라 하기만 해도 절반은 먹고 들어가는 시절이었다. 직장도 한 번 입사하면 평생 다닌다는 생각을 가지는 시절이었기 때문에 리더 – 팔로워의 관계가 형 – 동생

처럼 끈끈했다. 하지만 지금은 자신의 능력과 경험을 바탕으로 직장은 언제든지 옮길 수 있게 되었고, 대리가 부장보다 앞선 지식을 가진 경우가 허다하다. 당연히 리더십의 형태도 시대의 변화에 맞춰 바뀌어야 한다.

리더십은 타고나는 것인가,
길러지는 것인가

리더십은 타고나는 것인가? 길러지는 것인가? 매우 오래되고, 자주 듣는 질문이다. 오랜 경험으로 이야기한다면, 길러진다는 주장에 손을 들어주고 싶다. 물론 리더가 되어 조직을 이끄는 것이 불편한 사람도 존재한다. 연구 개발 조직에 수십 년 있으면서, 자신이 좋아하는 것을 연구하는 것이 행복한 사람들도 있다. 또 다른 사람들을 돕고, 이끄는 것을 어려서부터 좋아하는 사람들도 보아왔다. 타고난 사람들이 리더로 성장하는 일이 수월한 것은 사실이지만 그렇지 않은 사람들도 훌륭한 리더로 성장하는 것을 보면서 리더는 길러지는 것이라는 확신을 가지게 되었다.

> 변화하는 시대에 맞추어 리더를 길러내는 것은 경영자가 기업의 미래를 위해 반드시 해야 할 일이다.

기업마다 다르지만 파트장이나 팀장이라고 불리는 초급 리더는 5~10명 정도의 팀원들과 일을 하고, 부장이 되면 20~40명의 부하 직원을 거느리게 된다. 임원이 되면 적게는 50명 많게는 100명 이상의 직원을 통솔하게 된다. 각 단계에서 역할도 다르고, 리더십도 변화하게 된다. 제대로 교육받지 않으면 안 된다. 100명 이상을 거느리는 임원이 되어서도 5명의 팀원과 일하던 팀장 시절의 리더십 스타일을 고수할 수는 없는 것이다. 기업들이 직급별 리더 교육 과정을 두는 이유는 리더도 제대로 배워야 제 역할을 할 수 있기 때문이다.

리더는 경험을 통해 성장한다. 처음으로 리더가 되면 무슨 역할을 하여야 하는지 어리둥절하나 시간이 지나면서 점차 회사의 핵심 인력으로 성장하게 된다. 팀원으로만 있었을 적에는 부서의 이익이 우선이었지만, 리더가 되면 부서의 이익과 전사 이해관계를 저울질할 수 있어야 한다. 리더 입장에서는 우수한 직원들만 데리고 있는 것이 아니니, 우수한 역량을 가진 직원들을 영입도 하고, 육성도 해야 한다. 때로는 성과를 희생해가면서도 일을 가르쳐야 하는 경우도 있고, 역량이 떨어지는 직원을 내보내야 하는 어려움도 겪어야 한다. 조직을 운영하는 역량을 배우고 키우게 되는 것이다. 이런 측면에서 리더십은 타고 나기보다는 배운다는 것이 옳다.

좋은 리더를 육성하려면 리더십 스타일을 평가하고 평가 결과를 바탕으로 코칭을 해주고 필요한 교육을 해야 한다. 리더로서 제대로 성장할 수 있도록 인사 정책을 운영하는 것도 중요하다. 소위 말하는 육성 경로를 설정하는 것이다. 전문 경영인으로 회장 직급으로 활동하는 분은 많지 않다. 그중에 오랫동안 뵙고 지도를 받아온 분께서 하신 말씀이 기억에 남는다.

"예전에 과장 정도 되면, 임원 자질이 보이는 친구들이 있었다. 이 친구들을 본사의 핵심 보직과 현장 책임자를 왔다 갔다 하도록 하면서 육성했는데, 이 친구들이 지금은 다 사장, 부사장을 하고 있다."

이분은 회사의 미래를 위해 원칙을 가지고 우수 인력을 선발해서 경력 관리를 해준 것이다.

리더 육성 경로에 관한 생각이다. 본사 스태프 부서만 근무해서는 아무리 우수해도 나중에 CEO가 되어서 현장과의 소통에 어려움을 겪는다. 현장에서 커서 현장에 통달한 임원도 본사 스태프 부서의 경력 없이 CEO가 된다면 재무나 인사 등 본사 중요 기능에 대한 이해가 부족할 수 있다. 스태프 부서와 현장 부서를 골고루 경험하고 네트워크를 쌓고, 이해의 폭을 넓히도록 해야 한다. KT의 경우도 스태프 부서에서 승진한 임원 중 성장 가능성이 높은 임원은 현장의 본부장으로 보내어 근무토록 한 다음에 스태프 본부장으로 옮긴다. 이 임원은 현장 경험이 있기 때문에 자연스럽게 현장의 광역 본부장 후보가 되고, 승진을 하게 되면 광역 본부장으로 역할을 한 후 본사의 부문장 후보가 되는 식의 임원 육성 경로를 만들어 운영하고 있다.

다음에 이야기할 〈성공하는 리더십을 위한 여섯 가지 팁〉은 35년간의 직장 생활을 통해 얻은 리더십에 대한 생각이다. 특히 최근의 혁신적 기술, 빠른 변화, 다양하고 복잡한 고객의 요구, 새로운 가치관을 가진 세대의 등장에 맞추어 리더들이 어떻게 생각하고 행동하여야 하는지를 정리하였다.

성공하는
리더십을 위한
여섯 가지 팁

나와 일하는 사람은
나를 위해 일하지 않는다

많은 리더들이 착각하는 것이 자신과 일하는 팔로워들이 리더를 위해 일한다고 생각하는 것이다. 리더들이 평가 권한도 있고, 업무를 지도하기도 하고, 자신의 시간을 써서 팔로워의 역량을 육성시켜주고 있으니 팔로워들도 리더의 성공을 위해 일을 하고 있다고 생각하는 것이다.

과연 그럴까? 리더의 성공을 위해 밤을 세워 일하는 팔로워를 찾기도 어려운 세상이지만, 그런 팔로워의 마음속에는 리더의 성공이 결국 자신의 성공으로 돌아올 것이라는 믿음이 있기 때문이다.

직장 내의 상사-부하의 관계를 너무 계산적으로 보는 것 아니냐는 시각도 있겠으나 제대로 리더십을 발휘하기 위해서는 냉정하게 바라볼 필요가 있다. 정말 열심히 일하는 직원들, 자기 분야에서 성과를 내는 직원들,

기술적으로 혁신을 만들어내는 직원들은 결국은 자기의 성공과 성취를 위해 일하는 것이다.

조금 더 넓게 보면 자기가 속한 조직과 회사를 위해 일을 한다 할 수 있지만, 자신의 리더를 위해 일을 한다는 사람은 그리 많지 않을 것이다. 나역시 직장 생활을 하는 동안 열심히 일을 하고 많은 성과를 이루어냈지만, 내가 모시는 상사의 승진이나 좋은 평가를 위해 일한다는 생각을 가진 적은 그리 많지 않다.

또 하나 리더들이 깨달아야 하는 것은 팔로워는 리더가 부족하더라도 자신의 성공을 만들어낼 수 있지만 리더는 조직의 성과로 평가받기 때문에 팔로워들의 도움이 없이 성공하기 어렵다는 점이다.

> **두 가지 사실, 팔로워들은 자신의 성공을 위해 일한다는 것 그리고 리더는 팔로워의 도움이 없이는 성공할 수 없다는 것을 깨닫는다면, 리더가 집중해야 하는 것은 자신의 성공이 아니라 팔로워들의 성공과 성취이다.**

나랑 같이 일하는 팔로워가 역량을 높이고, 새로운 기술을 익히고, 시장에 통하는 아이디어를 내도록 하고, 그 결과로 팔로워들이 정당한 보상을 받도록 하는 것이 곧 리더의 성공으로 이어질 가능성이 높다는 점을 잊지 말아야 한다.

리더는 자신의 이익이 아니라
공동의 이익을 위해 일해야 한다

팔로워의 도움 없이 성공할 수 없는 리더가 성공하기 위해서는 자신의 이익이 아니라 공동의 이익을 위해 일해야 함은 어찌 보면 자연스러운 결론이다. 리더가 누구의 이익을 위해 일 하는지는 같이 근무하는 팔로워들이 너무나도 잘 안다. 예를 들면 자신의 팀장이 연말 승진 인사를 위해 얼마나 노심초사하는지 새로이 발령을 받은 팀원도 일주일이면 안다. 자신들의 노력을 팀장이 어떻게 활용하는지도 금방 파악한다. 팀장들이 애써 숨기려 해도 팀원들은 리더가 원하는 것이 무엇인지 훤하게 알고 있는 것이다.

팀원들의 도움 없이는 성공할 수 없는 상황에서 이렇게 똑똑한 팀원들을 하나로 뭉쳐서 그들이 능력을 최대로 발휘하도록 하려면 팀장은 어떻게 해야 할까? 팀장이 가지고 있는 평가 권한으로 충분한 것인가? 끈끈한 형 - 동생 관계로 가능한 것인가? 정답은 조직 공동의 이익을 앞세워야 한다는 것이다.

> 리더가 자신의 이익이 아니라 공동의 이익을 위해서 일한다는 것을 보여줘야 한다. 그렇게 할 때 팔로워들도 자신의 이익을 양보하고 조직 전체의 성공을 위해 일한다.

앞서 〈나는 왜 이 회사에 다니는가?〉에서 조직의 비전이 자신의 목표가 될 때, 자신의 열정과 창의, 노력을 최대한 이끌어낼 수 있음을 이야기한 바 있다. 마찬가지로 리더는 본인이 이끄는 부서의 이익을 강조해야 한다. 더 나아가 부서의 이익보다 더 큰 이익 즉 회사의 비전과 미션에 우리가 하는 일이 어떤 의미가 있는지를 강조해야 한다. 그렇게 할 때 하나의 목표를 가진 부서로 거듭날 수 있다. 그리고 이를 통해 얻은 성과 예를 들어 연말 보너스나 승진 T/O를 팔로워들의 이익으로 반드시 연결시켜야 한다. 나 역시 본부장, 부문장으로 일하면서 같이 일하는 직원들의 승진이나 고과를 위해 늘 노심초사했던 기억이 있다. 조직 전체가 노력해서 얻은 성과를 리더의 승진이나 성과급으로만 챙긴다면 조직의 이익을 강조하는 것이 한 번은 통할지 모르지만 두 번은 통하지 않는다. 성과에 따른 이익을 결국은 팔로워의 이익으로 연결시켜야 좋은 리더라는 평가를 받게 된다. 그렇게 되면 좋은 리더 밑에는 좋은 팔로워가 모여, 결국은 리더의 더 큰 성공으로 이어지는 것이다.

리더는
희망을 주는 사람이다

회사에서 리더 생활을 하면서 가장 어려울 때는 연말의 평가 시기와 우수한 직원이 부서를 옮기고 싶다고 이야기하는 순간이었다. 기업에서의 평가는 대개 분포가 정해져 있다. 고만고만한 차이인데 고과 점수는 크게 차이가 나야 하는 상황, 다 같이 고생하고 기여했는데 고과를 달리 줘야 하는 상황을 마주칠 때마다 곤혹스러웠던 기억이 있다. 그것 못지않게 어려운 것이 우수한 직원이 부서를 옮기겠다고 찾아올 때이다.

면담을 하다보면 공통적으로 발견하는 것이 있다. 현재 부서보다 옮기는 부서에서 성장 가능성이 더 크다는 것이다. 부문장, CEO가 되어서는 회사를 옮기는 임원들의 이야기를 듣게 되었다. 많은 사람들은 직장인이 회사를 옮기는 가장 큰 이유가 임금 때문이라고 생각하지만 내 경험으로는 "임금보다는 희망" 때문이었다. 내가 이 회사에서 계속 성장하고 발전할 가능성이 없다고 생각하면, 또 새로운 회사에서 더 훌륭한 기회가 있다는 희망이 있으면 이직을 결심하게 된다.

| **훌륭한 리더는 같이 일하는 팔로워들에게 희망을 주는 사람이다.** |

팔로워를 활용하거나 부려먹는 사람이 되어서는 팔로워들에게 희망을 줄 수 없다. "이 리더와 같이 하면 나도 성장하고 발전하며, 이 리더처럼 될 수 있다"는 희망을 줄 수 있어야 한다. 많은 리더들이 그것은 내가 할 일이 아니고 회사가 할 일이라고 이야기할 것이다. 보수나 복지 수준, 회사 내 분위기를 내가 결정하지 않는데 무슨 희망을 줄 수 있느냐고 반문하고는 한다. 하지만 리더가 할 수 있는 부분이 존재한다. 최소한 "이 회사는 희망이 없어"라는 이야기를 하지 않는 것도 리더의 몫이다. 회사에서 유망한 임원이나 직원들이 떠난다면 그들이 왜 떠나는지 짚어봐야 한다. 만일 희망이 없어 떠난다면, 회사에는 희망이 없어도 호구지책으로 출근하는 임직원들만 남게 된다. 회사의 불행은 "희망이 없는 사람"들이 계속 출근하는 것이다.

본인도 자신의 리더십을 모른다.
팔로워의 이야기를 들어라

리더십 명언 못지않게 다양한 것이 리더십 유형이다. 학자들에 따라서 세 가지로 분류하기도 하고, 네 가지, 여섯 가지, 열한 가지의 유형으로 나누기도 한다. 대표적인 것이 레윈(Lewin, K.), 리피트(Lippitt, R.), 화이트 (White, R. K.)가 의사 결정 과정에서의 행동 특징을 근거로 제시한 세 가지 리더십 유형인 독재형, 민주형, 방임형이 있다. 또 1971년 하우스(House, R. J)가 발표한 부하 직원 및 작업 환경에 따른 효과적 리더십 유형으로, 참여적 리더십, 후원적 리더십, 지시적 리더십, 성취 지향적 리더십도 있다. 이 밖에도 거래적 리더십, 변혁적 리더십 등으로 나누기도 하며, 리더들은 내가 어떤 유형인가를 정기적으로 테스트 받기도 하며 코칭을 통해 변화를 요구받기도 한다. 실제로는 개인의 리더십 유형은 하나의 형태로 정의하기 어려우며, 여러 차원의 리더십이 섞여 있는 경우가 많다.

여러 가지 유형 중 내가 어디에 속하는지 아는 것보다 중요한 것은 "내 리더십의 유형을 내가 잘 모른다"는 것이다. 예를 들어 테스트를 통해 후원적 리더십이라고 진단을 받아도 내가 어떻게 행동하고 있는지를 잘 깨닫지 못한다.

오랫동안 지켜본 상사라 하더라도 역시 부하의 리더십 스타일을 파악하기 힘들다. 상사 앞에서의 행동과 부하 앞에서의 행동이 동일하지 않은 경우가 종종 있고, 무엇보다 부하를 리더로 모시고 일하지 않기 때문에 리더로서의 스타일을 더더욱 알기 어렵다. 하지만 같이 일하는 부하 직원들은 자신의 리더가 어떤 스타일이지 명확히 파악하고 있다. 일을 위임하고 지켜보는지, 일일이 간섭하는지, 조금 참다가 이렇게 저렇게 하라고 가르치는 스타일인지 너무나도 잘 안다.

> 리더십이라는 말은 본질적으로 팔로워가 경험하고 느끼는 것이기 때문에 팔로워가 가장 잘 알 수밖에 없는 것이다. 내 리더십 스타일을 알고 싶다면 리더십 진단 테스트를 받는 것보다 솔직한 팔로워 몇 명과 이야기하는 것이 더 빠르고 정확하다.

어떤 리더십 유형이 훌륭한 리더십인가라는 질문을 종종 들었던 적이 있다. 최근 들어 민주적 리더십, 팔로워들의 창의력을 이끌어내는 리더십이 우수한 리더십처럼 여겨지는 경향이 있다. 물론 권위주의적인 리더가 살아남기 어려운 시대인 것은 사실이지만, 팀이 해내야 할 일의 성격에 따라 우수한 리더십은 달라야 한다는 것이 내 생각이다.

리더십 유형은 정답이 없다. 다만 자신이 맡은 직무와 상황에 따라 효과적인 유형이 존재할 뿐이다. 우수한 리더십은 수행해야 할 업무의 성격과 팔로워와의 조화를 잘 이끌어내는 데 있다. 예를 들어 팔로워들이 업무를 주도하기 원한다면 팔로워들과 과업의 성격, 시기, 규모를 놓고 머리를 맞대야 한다. 반대로 긴급한 상황에서 책임을 지는 상황이라면 리더의 역할이 커지고 팔로워들은 적극 협력해야 할 것이다. 자신의 리더십스타일을 항상 고집하지 않고, 업무 성격과 팔로워들의 성향에 따라 변화를 가져가야 한다는 사실을 명심한다면, 성공하는 리더가 되는 데 한 걸음 다가갈 수 있을 것이다.

리더의 행동이
자신을 증명한다

나와 같이 일하는 리더가 어떤 사람인가? 이 것을 가장 정확히 알 수 있는 방법은 그의 말이 아니라 그가 어떻게 행동하는가에 있다. "말만 번지르르한 사람"이라는 표현이 있다. 말로만 대의를 앞세우고, 부서의 이익을 앞세우지만 막상 일을 할 적에는 뒤로 빠져서 편한 일만 찾고, 성과를 나눌 때 목소리를 높이는 사람을 일컫는 말이다. 그런 사람 곁에는 우수한 사람이 있을리가 없다. 당연히 성과를 낼 수도 없을 것이다. 시간이 흐를수록 그런 사람이 매달리는 것은 상사의 평가 밖에 없기 때문에 손의 지문이 점점 닳아 없어지기도 한다. 행동으로 자신을 증명하는 사람을 평할 때 "진국"이라는 표현을 쓴다. 말수는 적지만 자신이 맡은 바 일을 묵묵히 해내고, 다른 사람을 챙기는 사람이다. "What You Do Is Who You Are"라는 말이 있다. 당신이 누구인가는 당신이 하는 것을 보면 알 수 있다는 것이다.

> 리더는 말만으로는 믿음을 줄 수 없다. 말이 행동으로 옮겨질 때 믿음을 주고 팔로워들의 지지를 받을 수 있다.

오랜 직장 생활을 하면서 롤 모델로 삼을 만한 선배들을 만났고, 그들과 일하면서 뿌듯한 성취감을 느꼈다. 그리고 이런 선배들의 성공을 위해 열심히 일했던 기억도 있다. 이들의 공통점은 "말하고 행동한다"는 것이었다. 조직의 목표와 비전을 말하고, 성과를 달성했을 때의 인센티브를 이야기해주고, 업무 추진을 위해 몸소 지식과 경험을 전수하고 리스크에 대한 책임을 지며, 외부와 소통을 담당하였다. 성과가 나왔을 때 이를 조직의 이익으로 연결시키고, 본인의 말을 증명하기 위해 행동하는 리더들이었다. 훌륭한 리더는 말과 행동이 같다. 자신의 행동으로 자신을 증명하는 리더이다.

훌륭한 리더로부터
배워라

훌륭한 리더가 되는 길은 훌륭한 리더로부터 배우는 것이다. 리더십은 교육프로그램으로 배우기 어렵다. 꾸준한 코칭을 통해 변화를 가져올 수는 있으나 가장 손쉽게 배우고 오래가는 방법은 좋은 리더십을 가진 리더를 롤 모델로 하여 배우는 것이다. 주변에 좋은 리더가 있다면 그의 말과 행동을 따라 배워라.

> **부모님의 언행을 은연중에 닮는 것처럼 직장에서도 상사의 언행을 닮는다.**
> **좋은 리더가 되기 원한다면 좋은 롤 모델을 찾아 배우기를 권한다.**

나 역시 내가 어떤 리더였는지 잘 모른다. 같이 일했던 팔로워들의 솔직한 이야기를 들어볼 기회가 생긴다면 알 수 있을 것이다. 하지만 직장 생활을 하는 동안 존경할 만한 선배를 따라 닮으려는 노력을 많이 했고, 배우지 않아야 할 선배는 반면교사로 삼고자 하였다. 아직 부족하다는 평가를 받지 않을까 두렵지만 훌륭한 선배 리더들이 없었다면 팔로워들이 반면교사로 삼는 리더가 되었을지도 모른다.

전통적 리더십의 위기: 할머니 코끼리처럼 행동하자

지금 전통적 리더십은 위기를 겪고 있다. 리더의 존재 자체가 리더십을 상징하던 시대가 지나고 있는 것이다. 앞서 이야기한 것처럼 과거에는 좋은 상사를 만나, 상사가 시키는 대로 하면 문제도 풀리고 성과도 냈던 경험이 많았다. 하지만 지금은 존경은 바라지도 않고, 그저 주어진 일이라도 잘해주었으면 하는 리더들과, 리더의 능력을 높이 평가하지도 않고 조언조차도 구하지 않으려는 팔로워들이 늘어나고 있다. 왜 이런 현상이 벌어지는 것인가?

우선은 리더가 가진 지식과 기술의 우위가 사라지고 있기 때문이다. 과거에는 오랫동안 회사에 다닌 사람이 당연히 지식, 경험, 기술에서 앞선 사람이었고, 팔로워의 입장에서 보면 리더는 배울 것이 많은 사람이었다. 리더로부터 도제식 기술과 기능을 전수받고 훈련받는 시대였다. 그러나 소셜 미디어(SNS)와 같은 새로운 소통 방식의 등장, RPA, 인공지능과 같은 첨단 기술의 활용, PC의 기능을 뛰어넘는 스마트폰의 등장과 활용 등은 리더가 오히려 신입 사원에게 배워야 하는 세상을 만들고 있다. "리더=배울 것이 많은 사람"이라는 등식이 사라지고 있는 것이다.

두 번째 이유는 평생직장에서 평생 직업의 시대로 바뀌고 있기 때문이다. 직장 내 가족주의적 관계도 사라지고, 리더라는 것 자체로 권위를 갖는 권위주의도 사라지고 있다. 나이가 많아지면 리더가 되는 것은 가족주의적 관점이다. 또 입사 선배이기 때문에 존경해야 한다는 것도 권위주의적 생각이다. 어차피 평생 있을 직장이라면 위와 같은 생각이 직장 생활하기에 편할 것이다. 시간이 흐르면 언젠가 나도 존경받는 리더가 될 수 있기 때문이다. 하지만 자신의 직무와 능력의 수준을 따라 직장을 옮기는 것이 늘어나고 나이와 입사 서열보다는 능력을 중시하면서, 오히려 나이도 어리고 입사 후배이지만 리더로 모시고 일해야 하는 경우도 나타나고 있다. 이제는 더 이상 전통적인 리더십이 통하기 어려운 세상이 되고 있다.

세 번째 이유는 공정에 대한 인식이 강한 세대의 등장이다. 소위 MZ세대이다. 우스개 소리이지만 MZ세대가 직장에서 가장 싫어하는 것이 자신이 한 작업을 상사가 수합해서 보고하는 것이라고 한다. 자신의 성과를 인정받고 싶어 하는 젊은 직원들 입장에서는 별로 기여한 것이 없어 보이는 리더가 자신의 성과물을 활용한다고 생각하고 이것이 불공정하다고 생각하는 것이다. '리더를 위해 일한다, 리더이니까 당연히 그럴 수 있다'는 생각은 과거의 유산이 되고 있다.

네 번째 이유는 코비드 19로 시작된 재택근무의 확산이다. 2년간의 재택근무 경험은 많은 기업에서 비대면 업무 방식에 대한 인식이 긍정적으로 바뀌는 계기가 되었고 이제는 대화나 업무를 이메일이나 기업 업무 전용 SNS로 진행하는 경우가 늘고 있다. 자율 좌석제도 리더십에 영향을 미치고 있다. 매일 정해진 자리에 앉아 팀원들과 같이 업무를 논의하고 팀장의 얼굴을 보고 지시를 받고 보고하는 일이 사라지고 있는 것이다. 그 결과 리더는 업무를 진행하기 위한 리더이지 과거처럼 직장 생활에서 모든 것을 의논하고 챙겨주는 리더는 아니라는 생각이 강해지고 있다.

위와 같은 변화에 맞추어 리더들도 전통적인 롤 모델에서 벗어나야 한다. 조직을 지휘하고, 팔로워의 업무를 정하고 조직하고, 업무 지시를 하고 보고를 받고, 조직을 대표하여 상사에게 조직의 성과를 보고하는 역할은 점점 사라질 것이다. 어쩌면 리더십이라는 말도 사라질지도 모른다. 앞서 리더의 역할이 줄어들 것이고 그럴수록 리더의 중요성은 커질 것이라는 이야기를 한 바 있다.

> **이제는 Co-Worker-Ship, 하나의 목표를 위해 같이 뜻을 모아 일하는 사람들이 더 중요해질 것이다. 리더도 전통적인 리더십에서 벗어나 자신이 할머니 코끼리라는 생각을 가져야 한다.**

코끼리 무리는 끊임없이 이동을 하여야 생존할 수 있다. 워낙 먹는 양이 많기 때문에 한 지역에만 머물러 있어서는 무리의 먹이를 조달할 수 없기 때문이다. 이때 무리 전체의 생존에 꼭 필요한 정보와 지식을 가진 것이 할머니 코끼리다.

할머니 코끼리는 자신의 오랜 경험으로 어떤 시기에 어느 지역에 물이 있고 풀이 있는지를 알고 무리를 그곳으로 이끌어간다. 수천 킬로미터가 넘는 이동 과정을 통해 무리 안의 아기 코끼리는 몸이 커지고 젊은 코끼리들은 미래를 위해 물과 풀의 위치를 학습한다. 할머니 코끼리가 주는 시사점이 있다. 할머니 코끼리는 젊은 수코끼리보다 힘이 약하지만 모든 코끼리의 존경을 받는다. 할머니 코끼리가 없으면 무리가 생존할 수 없을 뿐 아니라 모든 코끼리가 따라 배워야 할 대상이기 때문이다.

미래의 리더도 그렇게 되어야 한다고 생각한다. CEO로 있으면서 나의 성취와 성공이 아니라 임원들의 성장과 성공을 위해 내가 가졌던 경험과 정보와 지식을 공유하고 활용하는 노력을 했었다. 이렇게 하면 새로운 지식이나 기술이 부족해도, 공정에 대한 인식이 강해지고 직접 얼굴을 보는 횟수가 줄어도, 여전히 존경받는 리더, 성공한 리더가 될 수 있을 것이라는 믿음이 있었기 때문이다.

팔로워들에게 해주고 싶은 이야기: 변한 것은 없다

앞서 리더와 리더십에 대한 이야기를 하면서, 팔로워들에게는 무슨 이야기를 하는 것이 도움이 될까 생각해보았다. 리더십이 저리 바뀌는데 당연히 팔로워들의 생각과 자세도 변해야 할 것이라 여길 것이다. 하지만 변한 것은 없다. 가장 중요한 것은 태도이다. 직장 생활을 오랫동안 하면서 입사 시점에 비슷한 실력을 가졌던 사람들이 10년, 20년 지나면서 다른 성과를 내고, 누구는 핵심 인재로 성장하는 반면 누구는 평범한 직장인으로 남는 것으로 보아왔다.

왜 이런 차이가 날까? 나 나름대로의 결론은 태도였다. 자신의 일을 바라보는 관점, 열린 마음의 긍정적인 자세, 모든 경험을 의미 있게 받아들이는 마음, 끊임없이 배우고 소통하는 노력의 차이였다. 태도의 중요성은 기업에서 성공한 사람들이 공통적으로 느끼는 것이다. 3평짜리 시골 창고에서 직원 3명과 함께 회사를 창업, 30년 만에 계열사 140개, 직원 13만 명,

매출 8조 원의 일본 대표 기업으로 성장시킨 일본 전산의 창업자인 나가모리 시게노부가 태도의 중요성을 이야기한 것은 너무나 유명하다.

"개인이 가지고 있는 기능이나 기술은 적은 사람과 많은 사람의 격차가 고작 다섯 배 정도 날 뿐이다. 하지만 의욕이나 적극성 의식은 100배 차이를 낳는다."

자신의 일을 바라보는 관점이 일에 대한 태도를 결정한다. 항상 웃는 얼굴의 청소부를 이야기한 바 있다. 하찮고 지저분한 일이지만 자신은 지구의 한 모퉁이를 깨끗하게 하고 있다고 생각하는 청소부는 그 일이 늘 즐거웠던 것이다. KT에서는 자신의 일의 의미를 새로이 해석한 적이 있다. 국제통신분야의 실무자가 적어놓은 "나는 우리 고객을 세계로 연결한다"는 문구는 자신의 일이 얼마나 중요한지, 의미가 있는지를 알려주는 글이었다. 내가 지금 맡고 있는 일이 내 능력에 비교해서 단순한 일이고 아무나 할 수 있는 일이라고 생각해서 성의 없이 처리하는 사람과, 단순하지만 의미를 부여하고 최고로 잘하겠다는 사람 가운데 누가 한 단계 높은 업무를 맡을 것인지는 굳이 설명할 필요가 없을 것이다.

열린 마음의 긍정적 태도도 중요하다. 자신이 맡은 일에 대해 늘 부정적인 생각을 가지고 있는 팔로워들을 본 적이 있다.

"도전해보겠다."

"부서 내의 가장 하찮은 일이지만 그래도 깔끔하게 해내겠다."

"이번은 아니어도 다음에 좋은 기회가 올 것이다."

창업을 하거나 자기 사업을 하는 사람들과 비교하여, 회사 내의 일은 비교적 정형화되어 있고, 실패의 리스크가 상대적으로 적은 곳이다. 그럼에도 불구하고 부정적인 태도를 가지고 있다면 그 사람은 어느 곳에 가서도 성공하기 어렵다. 긍정적 태도는 시련이 닥쳤을 때, 훌훌 털고 일어서게 하는 힘이 있다. 긍정적 태도를 가진 사람은 실패했을 때, 원인이 나에게 있지 않고, 이번 실패는 특수한 상황에서 벌어진 일이며 반복적으로 일어나지 않을 것이라고 생각한다. 소위 "회복 탄력성"이 뛰어나다. 이런 사람들은 똑같은 문제가 닥쳐도 다시 도전하고 성취한다.

끊임없이 배우고 소통하려는 태도 역시 변화의 속도가 빠르고 다양한 상황에서 반드시 가져야 할 태도이다. 불과 몇 년 전과 비교해보자. 오픈에이아이사의 챗 GPT는 존재하지 않았다. 거대 생성형 인공지능이 코딩도 해주고, 나름대로의 솔루션을 그럴 듯하게 제시하는 것을 누가 상상을 해보았겠는가? 엔비디아가 1조 달러의 시가 총액을 달성할지 아무도 몰랐을 것이고, 전기차의 주행거리가 한 번 충전으로 400~500km가 넘게 되는 기술적 발전이 이토록 빨리 올 줄 역시 몰랐을 것이다. 변화의 속도가 너무 빠르기 때문에 우리는 미래를 상상은 할 수 있지만 예측하기 어렵다. 이럴 때일수록 끊임없이 배우고 소통하려는 태도를 가져야 한다. 지금은

S

"왜 이 업무를 나에게 주지?"

"왜 나는 동료보다 어려운 업무를 하지?"

"내가 맡은 일로 나를 돋보이게 할 수 없는데……."

내가 조직 내에서 가장 많이 알고 있겠지만 잠시라도 배우지 않으면 금방 뒤쳐지게 될 것이다.

회사 내에서 최고라는 것이 의미가 없어지고 있다. 실시간으로 전 세계에 있는 사람들과 비교되고 평가되는 세상이다. 지식만으로는 성공적인 직장인이 되기 어렵다. 직장 생활에서의 성공 요인 중 85%가 소통하고 어울리는 것에서 나오고 나머지 15%가 기술적인 지식에서 나온다는 연구 결과를 본 적 있다. 일을 해내는 방법, 주위 동료, 선배, 상사들과 자주 소통하고 배우는 자세가 필요하다.

이나모리 가즈오는 인생의 성공 방정식을 "능력×열의×사고방식"으로 표현하였다. 능력은 부모에게 물려받은 지능, 담력, 건강 등이 속한다. 열의는 열정 혹은 노력이라 바꿔 말할 수 있고 무기력한 사람도 있고, 일과 인생에 대해 투혼을 가지고 있는 사람도 있다. 하지만 가장 중요한 것은 사고방식이다. 사고방식은 한사람의 혼에서 나오는 것으로 인생을 살아가는 자세 그 자체라고 이야기하였다. 인생을 얼마나 긍정적으로 보고 살아가느냐에 따라 달라지는 것이다. 회사에서도 마찬가지 이다.

세상이 바뀌어도 달라지지 않는 것이 우리가 일을 대하는 마음가짐과 일을 하는 태도일 것이다.

문화의
힘을
믿자

미래를 내다본
백범 김구 선생의 선견지명

1983년 여름 친척집을 방문했다가 1947년 출간된 《백범일지》의 초판본을 보고 신기하고 놀랍기도 하면서 읽었던 기억이 있다. 백범일지는 위대한 독립운동가인 백범 김구 선생이 자신의 사상과 생애를 기록한 글이다. 상권은 1929년 당시 열 살 내외의 아들 인과 신에게 남기기 위해 유서로 쓴 글이다. 하권은 중일전쟁으로 상해 임시정부 기지를 잃고 나이 칠십을 바라보면서 목숨을 던질 기회를 기다리던 그가 미주와 하와이 한인 동포를 염두에 두고 경륜과 소감을 밝힌 글이다. 또 〈나의 소원〉이라는 장을 두어 광복 후 자신의 생각을 정리하여 밝혔다.

그 글이 쓰인 1983년은 대한민국의 경제가 개발도상국에서 중진국으로 진입하는 상황이었고, 국방은 미국에 많이 의존해야 했던 시절이었다. 1983년에도 문화에 관한 이야기는 먹고 사는 문제 때문에 먼 세상의 일처럼 느껴졌는데, 1947년이면 세계에서 가장 가난한 나라 중에 하나가 대한 민국이었다. 이 시기 문화의 힘을 이야기했다는 것이 이해가 되지 않았지만, 뭔가 한 차원 높은 경지에 다다른 분이 백범 선생이라 기억하게 되었다. 지금 와서 K-드라마, K-음식, K-Pop 등 우리의 문화가 세계를 휩쓰는 것을 보면 선견지명이 있으셨던 것은 분명하다.

백범 선생이 강조하신 것은 문화의 힘이다. 보이지는 않지만 인류의 사상과 행동을 바꿀 수 있는 것이 문화라고 보신 것이다. 어떤 인류학자는 현생 인류인 호모사피엔스가 번성한 원인을 문화의 힘으로 설명하기도 한다. 네안데르탈인은 체구가 호모사피엔스보다 커서 일대일로 맞설 때 호모사피엔스가 이길 수 없었다고 한다. 그러나 호모사피엔스는 무리 생활을 하면서 점차 네안데르탈인을 제압해나가기 시작했다. 이 호모사피엔스의 초기 문화적 특징이 미술과 언어의 발전이었다. 대표적인 미술작품인 3만2천 년 전의 프랑스 소베 동굴에 그려진 곰과, 1만4천 년 전 프랑스 알타미라 동굴의 황소 벽화는 현대인들의 눈에도 걸작으로 여겨진다. 호모사피엔스의 무리가 발전시킨 미술은 집단 내 숭배하는 대상이 정립되고 있음을 보여주는 증거이고 언어는 서로 복잡한 생각을 정교하게 나누고 조율할 수 있음을 보여주는 것이다. 이를 통해 무리를 안정적으로 형성하고 대를 이어서도 지속시켜나갈 수 있었던 것이다. 곰이 사람으로 변해 단군을 낳았다는 우리 민족의 단군신화 역시 마찬가지이다. 우리 모두 곰의 자손이라 믿으면서 결속을 다지고 대를 이어 소통하고 집단의 힘을 키워나갈 수 있었을 것이다.

기업도 마찬가지이다. 모든 기업에는 각각의 문화가 있고 모든 분야에 지속적으로 영향을 끼친다. 진취적 기업 문화가 있는 기업은 새로운 도전을 두려워하지 않으며, 보수적인 기업 문화가 있는 조직은 리스크를 잘 관리한다. 이기적 기업 문화가 있는 곳은 협업이 이루어지기 어렵지만 소통과 협업의 문화가 있는 기업에서는 함께 일하는 것이 수월하고 즐겁다. 창의적 문화를 강조하는 기업에서는 튀는 직원이 인정을 받지만 규율과 질서가 중요한 기업은 추진력이 강하다. 이런 기업 문화들은 어떻게 형성이 되며, 형성된 문화를 어떻게 전환시킬 수 있을까?

기업 문화의 형성과 전환

문화는 집단 내에서 암묵적으로 모든 사람이 동의하는 가치이다. 어떤 집단의 문화를 알아보려면, 지켜보는 사람이 없을 때 어떻게 행동하는가를 보면 알 수 있다고 한다. 독일 사람들은 밤중에 아무도 없고 차가 오지 않아도 신호등을 지킨다는 이야기를 들은 적이 있다. 누가 있든 없든 규칙을 지키는 것이 독일의 문화임을 단적으로 보여주는 이야기이다. 이와 같이 누가 시키거나 쳐다보지 않아도 판단하고 행동하는 기준이 문화인 것이다. 대한민국의 남존여비 문화가 사라지는 데 몇십 년이 걸린 것처럼 문화는 잘 바뀌지 않는 것이어서 집단 내에 장기간, 지속적으로 영향을 미친다. 기업도 예외가 아니다. 어떤 기업 문화를 가지고 있느냐에 따라 성과뿐만 아니라 모든 경영 활동이 영향을 받을 수밖에 없기 때문에 기업 경영자는 바람직한 문화의 형성과 전환을 늘 고민할 수밖에 없다.

밤을 새워 일한다는 화웨이, 주어진 시간의 30%를 자기가 하고 싶은 일에 쓴다는 구글, 70~80년대 직장을 위해 목숨 바쳐 일하던 대한민국의 직장 문화, 이런 문화는 어떻게 형성되고 사라지는가?

오랜 직장 생활에서 얻은 경험으로 보면 기업 문화의 형성에 영향을 끼치는 주요 요인에는, 우선은 리더가 있다. 어떤 리더가 오느냐에 따라 조직의 분위기가 바뀌고 성과가 달라지는 것을 여러 차례 경험하였다. 이나모리 가즈오는 기업을 발전시키기 위해서는 경영자 스스로가 인간적으로 성장하지 않으면 안 된다고 이야기한다. 경영자의 판단이 회사의 명운을 좌우하고 직원들의 운명을 결정하기 때문이다. 최종적으로 경영자의 판단을 이끄는 것이 그 사람의 인격이고, 인격적인 성장은 바른 경영 판단을 이끌어내고 결국 기업은 성장하고 발전한다고 이야기한다. 이같이 리더의 영향은 절대적이어서, 리더가 오래 머무를수록 리더십 스타일이 문화로 굳어지게 된다. 리더가 생각하는 가치, 그들의 행동과 경영 스타일은 조직의 색깔을 정하고 문화의 꼴을 만든다. 리더가 어떤 가치와 행동을 우선시하면 모든 조직원들에게 영향을 미치고 이것이 기업 문화의 일부로 남게 된다. 우리나라의 대표적 그룹인 삼성, LG, 현대, SK 등의 기업 문화는 서로 다르다. 삼성은 치밀하고 이익 지향적인 기업 문화로, LG는 인화와 창조적 기풍을 가지고 있고 현대는 우직함과 도전 정신을 모두 떠올린다. 이들의 기업 문화는 오랫동안 그룹의 리더로 있었던 창업자와 후계자 회장들이 강조해온 가치와 행동에서 영향을 받은 것임을 우리는 알고 있다.

> 리더가 중요시하는 가치와 함께 이에 대한 임직원들의 호응도 기업 문화에 크게 영향을 미친다. 리더가 바뀌어도 회사의 비전과 핵심 가치가 유지되어야 문화의 형성과 전환이 수월해진다.

앞서 이야기한 바 있는 비전과 핵심 가치가 명확히 정의되고 소통되며, 회사의 의사 결정의 원칙으로 사용되기 시작하면 임직원들의 사고와 행동에 영향을 미친다. 이때 임직원들이 적극적으로 핵심 가치를 긍정하고 따라주기 시작하면 서서히 문화로 굳어지게 되는 것이다. 이런 측면에서 회사의 비전과 핵심 가치의 지속성이 중요하다. 아무리 좋은 말이라도 자주 바뀌면 임직원들의 호응을 받기 어렵다. 리더가 바뀌어도 회사의 비전과 핵심 가치는 바뀌지 않고 유지될 때 문화의 형성과 전환이 가능하다.

기업이 운영하는 사업의 성격과 조직 구조도 기업 문화에 영향을 끼친다. 건설업 현장의 조직 문화와 IT기업의 개발 부서의 문화 그리고 엔터테인먼트 업계의 문화가 다른 것은 그들이 영위하는 사업이 다르기 때문이다. 같은 회사 내에서도 법무 부서와 영업 부서의 분위기는 완전히 다르다. 업무 성격이 달라서 그런 것이다. 조직 구조도 문화에 영향을 끼친다. 의사 결정 권한이 분산된 수평적인 조직은 협력과 자율의 문화를 만들 가능성이 높으며 매우 수직적인 조직 구조는 공식적이고 상명하복 문화가 형성될 가능성이 높다.

평가와 보상 체계도 문화의 형성에 기여한다. 기업 내의 임직원은 자신의 평가와 보상에 대해 신경을 쓸 수밖에 없다. 우리는 평가와 보상에 따라 자신의 생각과 행동을 바꾼다. 손해볼 일을 할 필요가 없기 때문이다. 예를 들어 업무 성과와 상관없이 연공서열로 보상이 이루어진다면 열심히 일하는 문화는 기대하기 힘들다. 반면에 현장을 우대하고 현장 근무를 승진의 필수 조건으로 운영하면 현장에 늘 우수한 인력이 가려고 하고, 조직 전체에 현장을 우선시하는 문화가 형성된다. 창의적 인재를 높이 평가하고 보상하면, 모든 직원이 창의적이 되려고 노력하고, 회사는 창의적인 회사로 바뀔 수밖에 없다.

위기나 중대한 사건도 기업 문화의 형성에 영향을 미친다. 위기나 중대한 사건은 기존에 회사 안에서 중요시하던 가치를 재평가하는 계기가 된다. 우선순위를 바꾸게 하고 도전을 극복하기 위해 필요한 문화를 형성하도록 한다. 삼성그룹의 이건희 회장이 1993년 불량 가전제품과 핸드폰을 불태워버린 사건은 삼성그룹의 문화를 바꾸는 중요한 사건이었다. 정몽구 현대자동차 회장이 1998년 선언한 미국 판매 자동차에 대한 10년 또는 주행거리 10만 마일 범위 내 무상 수리 제도 역시 품질 중심의 기업 문화를 만드는 중요한 이벤트였다. KT의 아현 지하통신구 화재 역시 한동안 우선순위에서 밀렸던 라스트 마일 네트워크(Last Mile Network)에 대한 관심을 끌어올리고 현장을 중요시하는 문화가 되살아나는 계기가 된 바 있다.

기업 문화는 사업의 성격, 핵심 가치, 리더의 피드백, 평가와 보상 그리고 중요한 이벤트 등 여러 요인이 복합적으로 작용하여 만들어진다. 한번 만들어진 문화는 잘 바뀌지 않기 때문에, 기존 문화의 전환은 새롭게 기업을 만들어 문화를 형성시키는 과정보다 힘들다. 임직원이 익숙했던 관행과 가치를 바꾸는 일이기 때문이다.

산업의 흐름이 바뀌고 시장의 환경이나 코비드 19 같은 질병의 유행, 국가 간 전쟁, 인터넷의 등장, 모바일 경제로의 전환 등 거시적 변화가 일어났을 때 기업은 기존의 문화를 고수할지 아니면 새로운 문화로 전환할지를 고민해야 한다. 이 경우에도 중요한 것은 리더의 역할이다. 리더가 새로운 방향을 제시하고 버려야 할 가치와 새롭게 세워야 할 가치를 정의하고 실천하는 것이 핵심이다. 그리고 자연스럽게 사업과 조직의 재편, 새롭고 다양한 인재의 채용이 이루어지는 과정에서 기업 문화의 전환이 이루어지게 될 것이다. 이 과정에서 중요한 것은 소통과 피드백이다. 개방적이고 투명한 소통 채널과 피드백을 활성화한다면 원하는 문화로의 전환을 수월하게 만들게 될 것이다.

KT의 기업 문화 전환 경험

2020년 KT의 대표이사로 취임하면서 가장 큰 과제는 성장이었다. 주력 사업인 B2C 분야의 매출은 연 1%의 성장에 불과하여, 장기적으로 보면 기업의 미래가 불투명하였다. 성장을 위한 전략으로 제시한 것이 고객은 B2B 중심으로 사업은 디지털플랫폼사업 중심으로 성장하자는 "디지코(Digico)전략"이었다. 이 전략의 실행에 있어 기반이 되는 것이 통신 사업 중심의 기업 문화의 전환이었다. 통신 사업은 장애나 사고가 발생하지 않고, 고객 서비스에서 문제가 생기지 않아야 하는 규제 산업이기 때문에 보수적일 수밖에 없다.

나는 보수적 문화가 부정적이라고 생각하지 않았다. 통신 사업을 운영하기에 필요한 문화이기 때문이었다. 그러나 새로운 사업을 육성하여 성장을 만들어내기 위해서는 도전적이고 자율적인 문화가 필요했고 기존 사업과의 시너지를 위해 소통과 협력이 필요했다. 그래서 비전을 "고객의 삶의 변화의 다른 산업의 혁신을 리딩하여 대한민국 발전에 기여한다"로 새롭게 만들고 핵심 가치도 "고객 중심" "주인 정신" "소통과 협업" "본질과 과정"으로 새롭게 정의했다. 비전과 핵심 가치를 문화화하는 과정이 여러 가지 혁신 프로그램을 운영하고 사업에서의 성과를 만들어서 우리의 변화가 옳다는 것을 증명하여 임직원들 스스로 변화를 받아들이고 가속화하였다. "고객발 자기 혁신", "미래 인재 육성", "AI/DX 사업 부문의 신설", "성장 사업에 대한 인력과 자원 투입" 등을 통해 회사의 변화를 알리고 3년간 150여 회가 넘는 현장 방문과 소통을 진행하면서 기업 문화의 변화가 가능하였다. 문화의 변화는 성과와 연결되어 상호 시너지를 내었는데 2022년 KT는 5천억 원이 넘는 매출 성장을 기록하였다.

리더가 지배하는 기업
문화가 지배하는 기업

기업 문화만이 기업의 성공 요인은 아니다. 효과적인 리더십, 사업 전략, 시장 포지셔닝 그리고 서비스와 제품의 품질 등 여러 가지 요소와 연계되고 운영되어야 함은 물론이다. 하지만 기업의 성공이 지속되기 위해서는 강력하고 방향성을 잘 갖춘 기업 문화를 가지고 있어야 한다는 점은 부인할 수 없다. 구글, 애플 같은 기업의 문화가 성공적인 사례로 많이 언급되지만 빠르게 성장하고 있는 넷플릭스, 파타고니아, 자포스 같은 기업들의 문화도 주목할 만하다. 파타고니아는 아웃도어 의류와 장비를 생산, 판매하는 기업으로 환경과 사회적 책임을 미션으로 가지고 적자일 때도 매출액의 1%를 환경 단체에 기부하고 있다. 최근 회사의 설립자는 자신의 주식을 모두 환경 단체에 기부하였다. 파타고니아의 기업 문화는 환경을 걱정하는 충성 고객을 확보하게 함으로써 지속적으로 성장을 이끌고 있다. 넷플릭스는 자유와 책임을 강조하는 분위기와 함께 높은 성과에 가치를 두고 직원들이 자신들의 업무의 주도권을 강조하고 있다. 이러한 문화는 빠르게 변화하는 콘텐츠 산업에서 적응하는 능력을 키워 콘텐츠 스트리밍 산업에서 압도적 1등을 차지하고 있다.

기업 문화는 성공한 큰 기업에게만 중요한 것은 아니다. 2020년 청주공항을 베이스로 단 한 대의 비행기를 가지고 항공 산업에 진출한 에어로 케이(Aero K)는 "자유롭고 신선한 문화"를 가진 항공사를 만들자는 생각으로 사업을 디자인하였다. "뭐든지 다르게 하자"는 모토로 승무원의 유니폼도 승객의 안전과 업무의 편의 관점에서 디자인하고 저비용 항공사의 한계를 극복하고자 기내 서점을 오픈하고 이착륙 음악도 같은 음악을 틀어주는 것이 아니라 매번 다른 곡을 선곡하고 있다. 기내에서 브랜드 커피를 제공하기 위해 4개월 동안 바리스타와 수질, 원두, 드립백, 커피 추출 방식 등을 연구하여, 한 달 만에 4,500원의 가격으로 1,700잔 이상을 파는 성과를 거둔 바 있다. 에어로 케이의 차별화 노력은 항공 산업을 고객을 목적지와 연결하는 플랫폼 산업으로 정의하는 단계까지 나아가고 있다. 단 한 대의 비행기로 항공 수요가 적은 청주를 베이스로 한 항공사가 여기까지 온 것은 불안한 미래에도 불구하고 임직원을 하나로 뭉치게 한 탄탄하게 쌓은 기업 문화에 있었다.

기업 문화가 가치를 발휘하려면 좋은 기업 문화가 오랫동안 지속되어야 한다. 문화는 쉽사리 바뀌지 않기 때문에 좋은 문화를 형성하고 그 문화가 지속될 수 있다면 기업 입장에서는 바람직한 경영 환경을 가지게 되는 것이다.

| 리더가 바뀌었다고 좋은 기업 문화가 일시에 사라지거나 리더가 바뀔 때마 |

| 다 문화가 바뀐다면 그 기업은 문화가 아니라 리더가 지배하는 기업이 된다. |

KT에는 리더가 바뀌어도 바뀌지 않는 것이 있다. 대한민국의 통신망을 장애 없이 운영해야 한다는 책임감이다. 이 책임감 때문에 누가 시키지 않아도 재난 재해 상황에 몸을 바쳐 일해온 전통이 있고, 다른 어떤 기업보다도 "주인 정신"이 강한 기업이 되어 있다. 리더가 바뀌어도 바뀌지 않은 긍정적 문화를 가진 기업이 될 때 어떤 상황이 닥쳐도 흔들리지 않는 기업이 되는 것이다.

KT 1등 워크숍의 태동과 정착: 기업 문화 형성 사례

KT의 1등 워크숍의 기본 뼈대는 2014년 가을 세 명의 임원이 모여 만들었다. 당시 나를 포함해서, 이대산 상무, 이문환 상무 셋이 모여 혁신 프로그램을 어찌 만들 것인가를 논의하고 있었다. 이때 의견의 일치를 본 것이 과거와 같이 형식적이고 위에서 혁신의 대상 즉 혁신할 과제와 조직을 정해주는 톱다운(Top-Down)이 아니라 현장의 문제를 풀어나가고, 현장의 사람들이 참여하는 보텀업(Bottom-Up)으로 진행하자는 것이었다. 아주 쉽게 의견이 일치한 이유는 그동안의 혁신 프로그램이 방법론 중심으로, 혁신의 성과를 내야 하는 혁신 추진 부서 중심으로 이루어지다보니, 이걸 왜 해야 하는지를 참여자들이 이해할 수 없었고, 그저 지나가는 일로 여겨서 결국은 큰 성과를 못했기 때문이었다. 당시 절실하게 필요한 것으로 진짜 필요한 문제를 해결하는 "자발적 혁신"이었다.

이때 1등 워크숍의 운영 원칙을 만들었는데, 다음과 같았다.

첫째, 워크숍에서 다룰 문제는 현장의 문제를 해결하는 것에 초점을 둔다. 둘째, 워크숍에는 현장에서 그 문제로 곤란을 받고 있는 직원부터 관련 부서 실무자까지 모든 관련자들이 참여한다. 셋째, 워크숍 토론에는 직급을 내려놓고 동등하게 참여한다. 넷째, 해결책이 제시될 때까지 토론하되, 1박 2일을 기한으로 한다. 다섯째, 제시된 해결책은 담당 임원이 2일차에 참석하여 실행 여부를 답한다. 여섯째, 해결책 실행 결과는 추후 1등 워크숍 참여자에게 피드백을 한다.

워크숍의 운영을 위해 담당 부서를 만들고, 퍼실리테이터(Facilitator)를 육성하고, 성과 발표회를 가졌으며, 우수 사례는 시상을 하였다. 2년이 지날 때 까지는 성공을 확신할 수 없었지만, 약 2만여 명이 경험한 시점에 이르러서는 KT만의 "자발적 혁신" 프로그램이 되리라 확신하였다.

당초 현장의 문제를 해결하기 위한 1등 워크숍은 이후 상품 기획, 매출 증대, 비용 절감, 업무 프로세스 개선 등 모든 분야에서 사용되는 일하는 방식이 되었다. 1등 워크숍의 성과는 단순히 토론 주제에 대한 답을 찾아내는 것에서 그치지 않고 소통과 협업의 문화를 자연스럽게 형성하게 하였다. 1등 워크숍에 참여하였던 임직원 소통, 관련 부서간의 협력 경험은 이후에도 이어져, 서로를 이해하고 협조하는 문화가 생겨난 것 이다. 리더가 굳이 이야기하지 않아도 자연스럽게 일하는 방식으로 자리잡은 것이다.

문화가 리더보다
중요하다

　　　　　　　문화의 형성에 가장 큰 영향을 미치는 요소가 리더였다. 이제 리더의 영향을 받지 않는 문화를 만들기 위해서는 리더의 개입이 줄어야 한다. 리더는 방향을 제시할 뿐 임직원 스스로 움직이도록 해야 한다. 임직원들이 나서서 긍정적인 문화를 형성하도록 하고, 바람직스럽지 않은 문화는 바뀌도록 해야 한다. 많은 사람들이 기업 문화가 구체적으로 나타난 형태는 조직 내 분위기라고 생각한다. 조직 내 분위기는 문화의 일부일 뿐이다. 문화는 기업의 비전과 핵심 가치와 연계되어 있고, 일하는 방식, 혁신 프로그램, 평가와 보상 체계, 소통 프로그램의 형식과 콘텐츠, 상품 기획, 고객 케어 서비스의 내용 등의 구체적인 형태로 표현이 되고 상호 영향을 주고받는다.

　예를 들어 기업 문화가 일하는 방식에 영향을 끼치기도 하지만 일하는 방식을 바꾸고 적용하는 것에 따라 기업 내 문화를 바꿀 수 있다. KT에서의 "1등 워크숍"이 일하는 방식을 바꾸고, 소통과 협업의 문화를 만든 좋은 사례이다. 1등 워크숍은 KT에서 2016년부터 본격적으로 운영한 소통과 협업의 방식으로 "현장의 문제"를 "1박 2일" 동안 "모든 관련자"들이 모여 토론하고 도출된 "해결책을 관련 임원에게 제시"하고 관련 임원은 이의 실행 여부를 그 자리에서 결정하는 방식으로 시작되었다. 9년이 넘는 기간 동안 진행된 1,000번이 넘는 1등 워크숍은 KT에 소통과 협업의 문화를 자연스럽게 정착시키게 되었고, 초기에 리더의 역할이 컸지만 이제는 리더가 바뀌어도 지속될 정도에 이르렀다.

리더가 바뀌어도 바뀌지 않는 기업 문화를 만들기 위해서는 회사가 원하는 문화를 정의하고, 이 문화를 구체적으로 표현되거나 내재되도록 여러 경영 활동을 개선해야 한다. 모든 경영 활동을 리더가 일일이 지시하거나 개입하지 않고 어느 시기부터는 임직원 스스로 참여하고 회사의 방향성에 맞추어 바꿀 수 있다면 (리더의 영향을 받지 않는) 긍정적인 기업 문화가 만들어지는 것이다. 기업 문화를 이 책의 끝 부분에 배치한 이유가 있다. 기업 문화는 기업 경영의 모든 것이 반영된 결과이다. 회사의 비전, 전략, 성과, 평가와 보상, 리더십, 경쟁 상황 등과 상호간에 영향을 주고받는 것이 기업 문화이기 때문이다.

> 어떤 상황에서도 긍정적 문화를 유지할 수 있다면 그 기업은 어려움이 닥쳐도 생존하고 성장하며 발전할 수 있다. 그렇게 하려면 역설적이지만 리더의 힘이 아니라 조직원들의 힘으로 문화를 만들고 변화시키도록 해야 한다. 모든 임직원이 경영의 주체라고 생각하고 행동하도록 해야 하는 것이다.

기업의 본질과 사명

지금까지의 이야기는 기업이 어떻게 혁신하고 성장할 것인가에 초점을 맞추어왔다. 기업 경영의 "What"과 "How"에 관한 것이라 할 수 있다. 어떻게 하면 성장할 수 있는가? 성장을 위해 기업 경영의 소프트웨어를 어떻게 만들고 업그레이드할 것인가의 이야기였다.

이 책을 통해 전하고 싶은 메시지는 간단하다. 기업은 성장해야 한다. 성장하지 않으면 짧은 기간에 적자 기업으로 전락한다. 성장해야 미래가 있다. 성장하려면 기업 경영의 하드웨어를 업그레이드하거나 성능이 뛰어난 소프트웨어를 갖추어야 한다. 좋은 하드웨어와 소프트웨어의 공통점은 뾰족한 것이 있어야 한다는 것이다. 1등 사업, 뛰어난 영업력, 소통하고 팔로워의 이익을 챙기는 리더십, 차별화된 인적 역량, 임직원의 열정을 모으는 비전과 기업 문화가 그것이다. 아무리 좋은 설비를 가져도, 그럴듯한 사업 계획을 짜도, 스펙이 좋은 인력이 있어도, 돈이 많아도 그것은 망치에 불과하다. 뾰족한 못이 없으면 아무리 좋은 망치도 소용이 없다.

성장 산업에 속한 기업은 일단 성장에 유리한 바탕을 가지게 되는 것이므로 자신이 속한 산업의 흥망성쇠를 살펴 성장 산업으로 옮겨 타는 것이 중요하고, 해당 산업 내에서도 1등 사업을 가지고 있는 것이 수월하게 성과를 낼 수 있는 길이다. 또한 가치를 파괴하는 경쟁이 아니라 고객과 기업 모두에게 가치를 만들어내는 경쟁을 하기 위한 차별화의 중요성과 차별화를 만들어내는 방법을 소개하였다. 고객의 긍정적인 인식이 미래의 시장 점유율이다. 이를 위해서는 끊임없이 새로운 스토리를 만들고 고객과 소통해야 한다. 경쟁 과정은 고객과의 신뢰를 쌓은 과정이다. 1~2년의 실적 때문에 신뢰를 훼손해서는 안 된다. 매출에서 비용을 뺀 이익은 기업의 성과 지표이자 경영자에 대한 판단 기준이다. 매출은 기업이 만들고 고객이 구매한 가치의 총량이므로 원가에 적정 이윤을 덧붙여 가격을 설정하는 제조업적 마인드에서 벗어나 고객에 대한 이해를 바탕으로 접근해야 한다. 이익이 성장하려면 매출이 성장해야 하고 비용이 잘 콘트롤되어야 한다. 비용은 절감이 아니라 구조를 바꾸어야 한다. 구조를 바꾸면 매출에 영향을 주지 않는 방법을 찾아낼 뿐 아니라 자연스럽게 혁신 활동도 일어나게 된다. 경영자는 단기간의 이익 상승이 아니라 지속적으로 이익을 늘리는 구조를 만들어야 하며 급격한 환경 변화에도 흔들리지 않는 이익 구조를 만들어야 한다.

성장과 떼려야 뗄 수 없는 것이 변화와 혁신이다. 성장을 위해서는 변해야 하고 성장의 결과를 보면서 변화와 혁신이 가속화되기 때문이다. 변화와 혁신의 요소와 과정을 기업 경영의 소프트웨어라 정의하였다. 임직원들의 가슴을 뛰게 하는 비전, "내가 왜 이 회사에 다니는가"에 대한 답을 줄 수 있는 회사가 성장할 수 있다. 높은 비전은 높은 역량을 요구한다. 기업의 역량은 임직원의 역량이 어느 수준인가에 따라 결정된다. 빠르고 복잡하고 다양하게 바뀌는 세상에 맞추기 위해 필요한 인재를 확보하는 일이 기업의 주요한 기능으로 바뀌고 있다. 외부 인재의 영입 못지않게 중요한 것이 내부 인력의 육성과 우수 인력의 유지이다. 우수 인력의 유지는 인사 부서만의 업무가 아니라 모든 리더의 R&R이 되어야 한다.

리더십 역시 세상의 변화에 맞추어 바뀌고 있다. 리더보다 더 많이 아는 팔로워, 평생 직업 시대의 도래, 공정함을 중요하게 생각하는 세대의 등장은 과거의 권위적이고 리더 중심적인 조직 운영을 허락하지 않고 있다. 이제 리더는 팔로워의 성공과 성취를 위해 일하고 조직 전체의 이익을 강조하며 성과를 팔로워의 이익으로 연결시켜야 한다. 나아가 리더라는 생각보다는 같이 일하는 동료이지만 무리의 생존과 발전을 이끄는 할머니 코끼리 같은 리더십이 필요하다. 리더에 의존하는 변화와 혁신은 훌륭한 리더가 떠나면 멈춘다. 심지어 나쁜 리더를 만나면 후퇴하기도 하며, 기업의 성장을 해치기도 한다. 그래서 리더십보다 중요한 것이 문화이다. 견고한 문화를 가진 기업은 좋은 리더를 길러내고, 리더와 상관없이 성장을 만들어 낼 수 있다. 문화의 힘이다.

성장하지 않는 기업은 미래가 없지만, 기업의 사명과 본질은 잊은 기업은 존재의 이유가 없다.

이 책의 이야기는 지난 35년간 KT에 있으면서 얻고 발휘한 경험과 실천의 결과이다. 경영자로서 어떻게 회사를 잘 경영할 것인가라는 것에 신경을 많이 썼지만 한편으로는 기업의 본질과 사명이 무엇인가를 늘 고민해왔다. 왜 기업을 하는가와 기업이 사회의 구성원으로 무엇을 할 것인가라는 "Why"와 "What"에 관한 것이다. 앞서의 비전, 리더십, 문화, 심지어 이익 관리의 개념이 꼭 기업에만 적용되는 것은 아니다. NGO도 그렇고 불법적인 사업을 하는 집단도 마찬가지이다. 이들과의 차이점이 기업의 본질과 사명을 설명한다고 본다. 기업은 리스크를 걸고 투자를 해서 스스로 돈을 버는 조직이다. 그런데 다른 조직이나 집단과 다른 것은 그 과정에서 고용을 창출하고 고객에게 가치를 제공하고, 협력 업체에는 일거리를 만들어 주고, 기업이 제공하는 제품이나 서비스 자체가 기업이 속한 지역, 국가 나아가 인류에게 도움이 되는 일을 한다는 것이다. 그렇게 하지 않는 기업은 스스로 돈만 버는 조직이지 기업이 해야 할 중요한 기능을 하지 않는 집단이라고 할 수 있다.

우리나라 기업인들을 만나보면, 좋은 일을 하는 것에 관심이 많다. 직원들의 고용 유지와 복지에도 과감히 지출을 한다. 우리 사회의 약자를 돕는 것에도 적극적이다. 우리의 기업은 오늘날의 대한민국을 만든 주인공이다. 기업의 제품이나 서비스가 인류 문명에 기여한다는 것은 부인할 수 없고 우리 경제를 키운 것이다. 나는 이것이 기업이 궁극적으로 추구하는 것이라 본다.